遥遥领先

华为崛起之路

张岳密◎著

新华出版社

图书在版编目（CIP）数据

遥遥领先：华为崛起之路 / 张岳密著.

北京：新华出版社，2024. 6.

ISBN 978-7-5166-7446-8

Ⅰ. F632.765.3

中国国家版本馆CIP数据核字第2024XF5583号

遥遥领先：华为崛起之路

著者：张岳密

出版发行：新华出版社有限责任公司

（北京石景山区京原路 8 号　邮编：100040）

印刷：河北盛世彩捷印刷有限公司

成品尺寸：145mm×210mm　1/32　　印张：8　　字数：153 千字

版次：2024 年 8 月第 1 版　　印次：2024 年 8 月第 1 次印刷

书号：ISBN 978-7-5166-7446-8　　定价：69.80 元

微店

视频号小店

抖店

京东旗舰店

微信公众号

喜马拉雅

小红书

淘宝旗舰店

扫码添加专属客服

前 言

PREFACE

  与人初见面，提到自己的名字是再正常不过的事情。不论哪国人民，全世界都一样。但作为创业者的我，提到"华为"这两个字的时候，比提起自己的名字还要开心。

  "天下之至柔，驰骋天下之至坚。"在充满变数与机遇的商业江湖中，华为宛如一位深藏不露的武学宗师，内修狼性文化与团结之力的深厚内功，外练技术创新与战略眼光的精妙招式，留下一段段令人叹为观止的传奇篇章。

  华为的辉煌成就，离不开虎狼之师般的斗志与磐石之固般的团队协作。然而，细究其发展历程，便知一家企业的崛起，非一日之功，亦非一人之力。正如《三国演义》中的诸葛亮借东风，天时、地利、人和，以及无数错综复杂的因素，共同编织了这段传奇。

"道生一，一生二，二生三，三生万物。"技术之锐如干将莫邪，人才之光似群星璀璨，领袖之智若卧龙居高临下，文化之韵如流水行云，管理之新如变法图强，这些元素交织在一起，犹如一幅锦绣画卷，展现了华为波澜壮阔的发展史。

华为创立之初，有一段充满艰辛的创业史。作为通信行业的后来者，华为面临着生死存亡的压力。资金短缺、技术薄弱、人才匮乏，加之缺乏行业背景，这一切仿佛是命运的考验。华为凭借独到的战略眼光和灵活的生存策略，在代理模式中积累了原始资金，对江湖的规则有了初步了解。那时的华为，虽显稚嫩，但却如老子所言"天下莫柔弱于水，而攻坚强者莫之能胜"，其不屈的斗志和奋斗精神，已在江湖中崭露头角，为未来的腾飞奠定了基础。

进入第二阶段，华为迎来了高速扩张的黄金时期。然而，高速发展的背后，亦伴随着种种隐忧。华为在狂奔中忽略了稳定前行的重要性，内部矛盾日渐凸显，企业面临着前所未有的危机。在这关键时刻，任正非先生挺身而出，如同一位充满智慧的英雄，引领团队进行深刻的管理体系变革，为企业的持续发展注入了新的活力。

"反者道之动"。第三阶段，华为面临着变革与创新的双重挑战。商业模式的颠覆、业务转型的探索，标志着华为正向着更高层次的发展迈进。华为不再满足于单一的通信设备制造商角色，而是转型为电信解决方案的提供者。在重新定义市场竞争关系的同时，华为构建起合理的生态圈和价值链，实现了商业模式的华丽转身。在业务转型方面，华为坚持以通信技术为核心，积极拓展新技术领域，推进数字化转型，打造云端一体化的解决方案，实现了业务与网络的深度融合。在人工智能、量子计算等前沿领域，华为持续发力，确保未来在相关领域保持领先地位。

"大音希声，大象无形"。华为的"领先地位"并非一蹴而就，而是在超越爱立信、思科等国际巨头的过程中逐渐显现出来的。华为的强大生存能力、竞争力、韧性、战略规划能力、人才管理能力以及内部变革能力，早已超越了众多竞争对手。西方通信厂商之所以对华为感到恐慌，不仅是因为慑于其技术或文化，更多的是对华为展现出的强大应变能力、调整能力和成长能力的敬畏。华为总能在风云变幻的市场中找到最佳的生存策略，在变化中抓住机遇，让竞争对手产生巨大的压力。

当下时代，思想即货币，社交即流通，影响力即变现。"遥遥领先"，这个词之所以火爆起来，主要是因为它被华为常务董事、终端BG CEO余承东在产品发布会上频繁使用，用以形容华为产品在技术创新和性能上与其他品牌的差距。这个词最早出现在2020年10月22日的华为Mate 40系列发布会上，余承东在介绍华为手机的各项技术优势时多次使用。据统计，他在整场发布会中，共说了14次"遥遥领先"。

这个词迅速被网友们热捧，并在网络上广泛传播，成为一个流行的网络梗。随后，这个词开始广泛出现在各种社交媒体和网络讨论中，不仅局限于描述华为产品，也用来表达某方面的优势或领先地位。

此外，"遥遥领先"这个梗的流行也与华为的市场表现和公众对其产品的认知有关。华为在通信技术、智能手机、5G等领域的确取得了显著的成就，这使得这个词在一定程度上得到了公众的认可。

同时，华为作为中国的科技巨头，在面对国际竞争和挑战时展现出的韧性和创新能力，也让"遥遥领先"这个词具有更深层次的象征意义，成为一种自豪感的表达。

可以说，"遥遥领先"这个词承载了广泛的社会和文化意义。这四个字不仅是对华为影响力和技术超群的赞誉，更是对其整体发展态势的深刻概括与祝福。

"知人者智，自知者明"。从1987年创立至今，华为经历了无数的风雨洗礼与纷争，积累了丰富的应对经验和智慧。书写本书的初心是想通过梳理华为的成长经历，详细回顾华为的发展历程和成长轨迹，带领更多人去了解华为，一起更清晰地看到其生存和发展的密码，更深入地探索和理解其"遥遥领先"的深度内涵。

期待与读者一起进行思维的碰撞，探索更多宝贵经验。

希望读者从本书中不仅能了解华为的创业史，还能领悟在变幻莫测的世界中，保持领先之道的智慧启示。希望本书能作为一部现代版的《孙子兵法》，陪伴着大家一起成长。

2024年4月10日

目 录

CONTENTS

1

第一章 创业"功"从磨砺出

2

第二章 万事开头难

6
第六章　思科，最难缠的对手

7
第七章　华为究竟强在哪里

8
第八章　成为改变游戏规则的那一个

第九章　王者归来，遥遥领先

>> 第一章

创业 "功" 从磨砺出

1／苦难生活中的宝贵财富

　　1944年10月25日，贵州省安顺市镇宁县的山区里，一个男婴呱呱坠地，满含热切的父母为儿子取名为"任正非"，希望儿子长大成人以后，可以在大是大非面前保持正确的价值观和坚定的人生信仰。

　　有趣的是，镇宁县并没有多少人姓任，任姓也不是这里的姓氏，孩子的父亲是浙江金华浦江县人，叫任木生（字摩逊），来到镇宁县只是为了避难。

任木生原本是浦江县黄宅镇任店村人，祖上都从事火腿肠制作工作，其父任三和是金华赫赫有名的火腿肠师傅。任木生后来考上大学，成为家族里第一位大学生。

和祖辈们一辈子待在金华制作火腿不同，任木生在北京不仅学到了很多新知识，也极大地拓宽了视野。尤其是当他见证了各种轰轰烈烈的爱国运动，接触到许多关于国家的新思想、新理念后，开始主动去了解和接触时事政治，并且满腔热血地参加学生革命运动。

1944年，在一家生产防毒面具的兵工厂担任会计的任木生，因为支持"全国上下一致抗日"的主张，遭到国民党特务的追捕。任木生只好让人用皮龙（类似于轿子）抬着自己前往郑家坞火车站，逃往贵州的镇宁县生活。

在镇宁县，任木生认识了17岁的女孩程远昭，两人先后生下7个孩子，其中有5个孩子是在三年困难时期（1959—1961年）成长起来的。那个时候，全国都在闹饥荒，几千万人都面临着吃不饱饭的问题。在贵州地区，由于土地贫瘠，粮食减产问题更为严重，饿肚子是那个时代普遍的记忆，任家也难以避免。

任木生和程远昭的收入很微薄，无法维持一家九口人的生活，更不必说他还要寄一笔钱给金华老家。为了确保一家人得以生存下去，任木生只能采取分餐制度，所有的食物都必须精准分配，所有人都不能多吃。

对于任正非来说，那个阶段正是自己上高中的时候，学习压力大，身体也处在发育期，消耗量很大，家里分配的食物根本不够吃。因此他不得不外出挖野菜、寻野果，如刺果和蕨菜，就是常见的能找到的食物。任木生也在积极想办法增加食物供给，为此他偷偷地在山上开垦了一块地种南瓜，南瓜汤就是一家人晚上的主食。

生活不在于富足而在于满足。那个时候，任正非经常饿肚子，他最大的梦想就是可以独享一个白面馒头。可是家里的粮食是固定的，自己多吃一口，就意味着弟弟妹妹要少吃一口，甚至可能会饿死。贫苦的生活压得一家人喘不过气，即便如此，一家人仍旧相亲相爱，相互扶持，相互尊重，大家仍可以感受到家庭的幸福。正是艰难困苦的生活培养了任正非坚毅顽强的个性，此后，每次遇到困难，他都会想到少年时代的经历，并以此来激励自己。

时代造就英雄。任木生鼓励孩子们成为英雄，为这个曾饱受战乱之苦的国家贡献更多的力量。在父亲爱国思想的影响下，任正非始终对未来充满期待和信心，并渴望某一天可以成长为一个改变当前局面的大英雄。

任正非从小就拥有一个英雄梦。任木生会非常耐心地给任正非讲述《三国演义》里的人物，如足智多谋、鞠躬尽瘁的诸葛亮，谦恭仁爱、弘毅宽厚的刘备，义薄云天的关羽，一身是胆、忠义无双的赵云等。这些英雄人物在任木生的口中被栩栩如生地讲述出来，极大地满足了任正非的好奇心。除此之外，任木生还经常会拿出收音机，收听电台的广播节目。大家当时最感兴趣的就是每天在固定时间段播放的《隋唐演义》，任正非总是准时出现在收音机前。可以说，在那个物资匮乏的年代，这台半导体收音机是全家获取外界信息的重要工具，收听收音机节目成了家庭的一项重要娱乐活动。

当孩子们到了上学的阶段，任木生相信知识的力量，坚信知识能改变命运，能给自己的孩子带来更美好的未来。人生有很多种活法，不读书也可以活，但读书一定是最好走的路，所以任木生毫不犹豫地送他们去学校。即便整个家庭因此变得更加贫困，他也欣然接受。

任正非在回忆少年时代的求学之路时，充满了感慨："我们兄妹7个，加上父母共9人，全靠父母微薄的工资来生活，毫无其他来源。生活十分困难，儿女一天天在长大，衣服一天天在变短，而且都要读书，开支很大。每个学期每人交2—3元的学费，到交费时，妈妈每次都发愁。与勉强可以用工资来解决基本生活的家庭相比，我家的困难更大。我经常看到妈妈月底到处向人借3—5元钱度饥荒，而且常常是走了几家都未必能借到……"

在那个积贫积弱的年代，任正非的少年生活一直都很清苦，但物质的匮乏和常年的饥饿并没有剥夺他应有的快乐。少年时代的任正非和其他同龄的农村孩子一样，调皮捣蛋，喜欢四处冒险。去河里捉鱼，爬到树上掏鸟蛋，这些都是日常操作。为了让儿子收心，不因为玩耍而荒废学业，程远昭想到了一个好办法——她每天都给儿子讲述《大力神》的故事，但是每次讲到精彩的地方，她就故意停下来，说一句"请听下回分解"，这样就吊足了儿子的胃口。每当任正非央求母亲多讲一点时，程远昭就提出条件：要求任正非努力学习，争取下一次考试拿到更高的分数。靠着这样的方法，程远昭激励儿子用功读书，促使他养成自律、上进的学习习惯。

农村生活的快乐以及学习上的乐趣，让任正非的少年时代过得很充实，这些经历也成了他苦难生活中最宝贵的财富。尤其是学习，在那个教育普及程度不高的年代，任正非通过学习获得了更多的知识，对外面的世界产生了更大的好奇，也正是因为读书，任正非有机会走出大山，开始追寻自己的远大梦想。

2/ 大学时代的历练

　　任正非没有辜负父母对他的厚望，更没辜负自己对自己的期许。他从小到大都勤奋好学，学习成绩一直名列前茅。在高中时期，由于经常吃不饱饭，母亲担心他的身体吃不消，会影响学习，于是省吃俭用坚持给他加餐。那个时候，母亲每天都会给任正非留下一个玉米饼，虽然算不得什么美食，但在那个年代，这已经是任正非能够吃到的最好食物了。

　　1963年，任正非顺利考上重庆建筑工程学院（现已并入重

庆大学），父亲和母亲非常高兴，但任正非很快又陷入纠结之
中。考上大学虽然是任家的头等好事，但学费和生活费又成了
家庭巨大的负担。在当时，学生们入学需要自己准备生活用品，
可是这个已经一贫如洗的家庭，就连一床像样的被子也拿不
出来。

再难的问题，只要愿意去解决，一定会找到方法。程远昭
带着任正非去学校报名的时候，发现很多毕业生会将旧床单、
旧被罩扔在宿舍里，其实只要洗一洗、补一补，还是可以用的。
因此她想到了一个好办法，那就是提前去各个学生宿舍搜集破
旧的床单、被罩，然后通过自己的一双巧手缝缝补补，制作了
一床"百家被"。当母亲将被子交到任正非手中时，它沉甸甸
的。它不仅是被子，更是母亲的爱，是母亲面对困难时无畏的
精神，是过往不悔、当下不负、未来不惧的勇气，是大学生活
期间一直陪伴任正非的爱与温暖。

进入大学之后，任正非的视野一下子就打开了，重庆山城
中的生活与贵州山区的生活截然不同。重庆是一个大城市，在
这里，他见识到了许多新奇的事物，也学习到了更多的知识。
上了大学，父亲对他只有一个要求，那就是全身心地投入学业。
父亲一辈子都谨小慎微，他希望儿子可以踏踏实实做人，踏踏
实实做学问，因此郑重地告诫儿子："记住，知识就是力量，别

人不学，你要学，不要随大流。"这句话深深印刻在任正非的心里，所以任正非总是花费比其他同学更多的时间来学习。

在大学期间，任正非的求知欲很强，就像一块干燥的海绵一样，努力吸收周边的一切水分。他对高等数学非常感兴趣，于是将樊映川的《高等数学习题集》不厌其烦地从头到尾做了两遍。"天将降大任于是人也，必先苦其心志"，正当一切向好的情况发展时，家庭变故悄然而至。当时国内的政治环境发生了一些变化，任木生受到审查，这给整个家庭带来了巨大的打击。远在重庆的任正非收到消息，内心焦急如焚，根本没有心思继续念书。

为了让儿子安心学习，母亲程远昭特意给儿子写了一封安慰信。在信中，母亲让他坚定自己的信仰，要为自己的前途着想，不要受到这件事情的影响。母亲天性乐观，在儿女面前表现得很坚强。可母亲越是这样，任正非就越难过，越感到自责和痛苦。

人的老去总是瞬间的。1967年暑假，任正非匆匆忙忙往家里赶，这一次回家，他看见父亲憔悴了很多。但面对儿子，任木生一直努力保持微笑，而且任正非明显感觉到父亲满含惊喜的脸上闪过一丝担忧。在当时的形势下，任木生非常渴望自己可以陪在儿子身边，但他又担心自己会连累到儿子，所以刚见面几分钟，就不断催促儿子快点离开。看着儿子连一双像样的鞋子也没有，任木生心痛不已，当即脱下那双穿了多年的皮鞋交给儿子，然后告诫儿子只管好好学习，不要受其他无关学业的事情影响。

任正非哭着和父亲告别后，满怀心事地返回学校，一路上他始终盯着脚上的皮鞋看，心里暖暖的。几十年后，他回忆起这个场景时仍旧记忆犹新，但心境截然不同。年轻的时候，他的心里想的是感恩，是父亲的爱，可是几十年后，他突然意识到当年父亲一直都在为自己考虑，而自己却没有为父亲考虑。其实父亲当时更需要这双皮鞋，因为平时要做苦工，经常在冰冷的泥水中走来走去，更需要一双鞋子来保护双脚。想到这一点，任正非心里充满了内疚和自责，心疼父亲极了。

任正非记住了父亲的嘱托，一直坚持学习，用行动去回馈父亲的爱。哪怕家庭遭遇变故，他也始终全身心地投入学习，没有受到什么影响。无论是自己的专业知识，还是其他方面的知识，他都认真对待。在当时的环境下，这是难能可贵的。任正非当时选择的是暖通专业（水电暖通施工专业），电子计算机、数字技术、自动控制等学科，他全部自学完成。此外，他额外学习了逻辑、哲学，还抽空学了三门外语。

学习不仅让他积累了更丰富的知识，还让他感到自信和充实。任正非承认自己的家庭条件以及面临的困境让他对生活一度感到沮丧，学习成为他唯一的支柱。

优秀的人除非刻意想孤独，否则是很难孤单的，毕竟社交的本质是价值交换。

或许是因为家庭因素，任正非进入大学后，性格变得孤僻起来，不愿意主动与人交流，也不愿意融入别人的圈子。很多时候，他都是一个人上课，一个人去食堂，一个人逛街。加上父亲的因素，不少学生故意疏远他，生怕和他产生什么联系，还有不少学生经常在背后对他指指点点。

但正是学习改变了他的校园生活。由于勤奋好学，成绩优异，任正非吸引了不少志同道合的学生和老师。他们并不嫌弃任正非的出身，也不担心任正非会给自己带来麻烦，在生活和学习上给予他很大的帮助。有几个老师非常同情任正非的遭遇，也非常赞赏他的勤奋努力，所以在学习上会重点关照这个来自贵州的学生。他们知道任正非喜欢读书，于是无偿将自己珍藏多年的书籍赠送给他。

见惯了人情冷暖的任正非，慢慢打开了封锁的心门，开始接纳生活中的那些善意，对同学和老师也变得更加热情主动。

见面时，他会主动向他们打招呼，还会和同学们开玩笑。任正非越来越开朗，老师和同学给他介绍了一些有趣优秀的朋友，大家一起交流学习、读好书。充实的校园生活让任正非变得更加专注和认真，也更爱读书了。他广泛涉猎各种书籍，努力扩充自己的知识网络。后来，任正非创业时始终保持着学习和阅读的好习惯，无论工作多么繁忙，他都会抽出时间看书。他的办公室里堆满了各种书籍，他会认真翻阅每一本书。他认为，只有不断学习新知识，企业才会获得竞争力，才能够在复杂的环境中获得更大的优势。所以，他不仅自己酷爱读书，也要求身边的同事、下属读书，让他们时刻保持对知识的热切渴望，用知识来武装自己，提升竞争力，培养解决问题的能力。

3／军旅生涯与价值观的塑造

1967年，任正非从重庆建筑工程学院毕业。由于政策的变化，他们这一届的毕业生到了第二年才被分配工作。1968年，他被分配到国家建委三局二公司安装工程二队工作，成了一名基建工程兵。进入工程队的前两年，任正非只是内部的炊事员，接下来的几年时间里又成为一名水管道工人。由于工作能力突出，工程队将其调任到技术科工作。

进入工程队没多久，任正非就接到了一项艰巨的任务，其所在的部队奉命参与代号011的军事工程。011是西南地区的重点备战工程，国家准备在这里建立一座大型兵工厂，主要负责研究、制造军用飞机，并建立航空发动机的制造厂。从大学生到军人的身份转变，并没有让任正非感到任何不适。对他而言，无论是学习还是工作，都可以报效国家，为国家建设贡献力量，何况部队生活可以更好地锻炼自己。

在部队中，任正非的表现非常出色，大学生毕业的他拥有很高的科技素养，无论是日常的任务完成情况还是技术研发表现，都非常出色，而部队中恰好缺少他这种技术型人才。任正非因此受到领导的称赞和重视。而在大家的共同努力下，工程进展得非常顺利，总装厂、防空洞、飞机洞库以及试验场地等数十个项目基地都如期完工。

1974年，任正非辗转来到东北，进入辽阳化纤总厂，从事自动控制系统工程建设工作，成为承担这项工程建设任务的一名基建工程兵。辽阳化纤总厂是从法国德布尼斯·斯贝西姆公司引进的国家级重大工程项目，受到政府的高度重视，领导们都在努力吸收和调用各地的人才，以完成这个重大的工程，所有的人才也都是从基建队伍中挑选出来的。

当时的辽东太子河畔还非常荒凉，相关的工程项目只能从零开始，连睡觉的地方都没有，好在时值七八月份，气温很高，部队可以睡在草地上。真正难熬的是冬天，气温低至零下28℃，新建造的土坯房根本不抗冻，更何况还有呼啸的寒风。住宿环境恶劣，伙食也好不到哪儿去。当时基建部队的肉和油供应量很少，虽然比普通东北百姓每月3两食用油的供应量高一点，但也不够吃。一年到头，有半年时间根本吃不到新鲜蔬菜，大多数时候都是吃酸萝卜和酸菜，主食则是难以下咽的杂交高粱。普通人根本无法适应这样的生活，可是任正非和战友们却能够苦中作乐，认真做好自己的工作，顺利完成每一个项目。任正非在回忆这段经历时发出感慨："自己接触了世界上最先进的技术，也吃着世界上最大的苦。"

在项目推进的过程中，国家不断从法国、德国引进先进的技术，使得整个辽阳化纤总厂成为当时国家技术最先进的工厂。在工作期间，任正非积极钻研新技术，个人的工作能力突飞猛进。他还有不少发明。比如，他曾经用数学方法调制了一个仪器，用于化工自动控制系统，为总厂做出了重大贡献。但由于父亲任木生的身份审查一直没有通过，组织内的领导并没有给任正非记功。任正非也曾无奈地说道："在我领导的集体中，战士们立三等功、二等功、集体二等功，几乎每年都大批涌出，而唯独我这个领导者，从未受过嘉奖。"不过部队生活培养了任正非不争不抢、淡泊名利的豁达个性，他并没有去争辩。

只有一点，任正非一直期待着入党，但父亲的案子多少牵连到了他，因此入党申请书长时间没能通过。为此，他主动找到上级领导，希望相关部门可以帮助自己解决问题。党委了解了他的情况后，派人调查任木生的案子，在整理了相关的资料和档案之后，党委意识到任木生是被人冤枉的，于是就将调查结果寄给了任木生所在的地方组织，而部队首长也开始积极助力，督办任木生的案子。最终他父亲沉冤昭雪，任正非的入党申请也得以通过。

考虑到任正非出色的工作表现，领导们开始积极任用和提拔这个技术人才，任正非很快从基层员工上升为技术员，随后又成为工程师，最后当上了副所长（技术副团级）。

1978年3月的时候，作为基建部队的技术骨干，任正非顺利出席了全国科学大会。要知道，当时参加此次大会的知识精英共有6000多人，其中35岁以下的士兵不足150人，而任正非就是其中之一。1982年，他当选为中共十二大代表，又出席了中共第十二次全国代表大会，这件事成为整个任家的荣耀。

工作中的成功，让任正非变得更加自信。按照这样的发展势头，任正非应该会成为总厂的一名优秀干部，或者成为优秀的工程师，当时的他也顺着这个方向规划自己的人生。可是到了1983年，情况发生了巨大的转变，国家整建制撤销了基建工程兵。

新中国成立后，国家需要兴建很多国防工程，而这些国防工程是民工无法修建的，毕竟民工组织建设国防工程存在两个较大的弊端：一是工程很难保密，尤其是考虑到那个时候的国际环境，国家不可能让民工参与重要的国防工程项目；二是工程的质量难以得到保证，民工的专业性无法满足国防工程的需求，而这些工程只能让更专业且保密性更好的部队来实施。在这样的时代背景下，1966年，国家组建了基建工程兵部队。在最鼎盛的时候，国家的基建工程兵部队拥有10个军，下辖32个师，总兵力超过50万人，这样一支庞大的队伍是符合当时国防的建设需求和战略需求的。

20世纪80年代以后，国际形势发生了变化，过于庞大的军队并不适合新的战略部署，国家开始走上精兵简政的道路，军队缩减裁员势在必行，而基建工程部队是精简的重要对象。随着基建工程兵部队的撤销，任正非不得不复员转业，就此结束了近10年的军旅生涯。

军旅生涯是任正非一生中非常重要的经历，可以说正是部队里的生活和工作磨炼了他的心智，塑造了他强大的价值观。这一点在他后来的创业中就可以看出来。作为一名军人，任正非一直强调纪律性，强调意志力和耐力，强调军人的决断力。无论是遭遇困境还是顺境，任正非都能够表现出强大的自控力和自信心，推动自己克服一个又一个困难。

除了个性上的磨炼外，军旅生涯对他日后管理思想的形成也产生了重要的影响。在部队中，任正非虽然是一个技术型人才，能力比一般的工程兵更强，但他始终强调合作文化的重要性。事实上，在部队中工作的时候，任正非曾经因为优异的工作表现而获得领导的认可，而这也让他滋生了个人英雄主义。他甚至制定了一些不切合实际的工作目标，为一些自己难以实现的目标而奋斗，这让他感受到了巨大的挫折感。经历部队的洗礼后，他深知团队的力量以及团队合作的重要性，因此他主张通过合作来完成项目，实现价值的增长和竞争力的提升。在华为提倡的"狼性文化"中，合作是一个核心的价值观与奋斗理念。任正非认为：个人的力量再强大，也有明确的界限，任何一个人都不可能依靠自身的力量解决所有的问题。无论是军队还是企业，个人英雄主义都不该得到提倡。过度看重个人的发挥，放任个人的表现，只会让整个团队的效率变得更低。真正具备竞争力的队伍，不仅重视对个人能力的培养，还重视个人素养的提升，更注重团队内部的配合。

任正非不仅崇尚合作文化，还非常喜欢军队化的管理模式。他认为一个好的队伍就应该具备雷厉风行的行事风格，成员应该具备坚持不懈的毅力，能够主动承担的责任感，以及迎难而上、不达目的誓不罢休的奋斗精神。管理者应该赋予团队这些品质，将团队打造成为一支铁血之师。

有趣的是，任正非经常会在讲话中使用一些军事术语，因为他觉得这些军事术语简单易懂，而且具有很强的指导性，能够更好地诠释自己的管理思想与指令。可以说，任正非后来的创业生涯具有明显的部队生活烙印，而他也成功地将部队中培养出来的精气神和那种强大的执行力注入团队文化之中，并打造了一支真正具备竞争力的队伍。

4/ 深圳：一座让人从挫折中崛起的城市

随着国家裁撤基建工程兵部队政策的实施，任正非离开部队，并直接转业至深圳南海石油后勤服务基地，年满38岁的任正非不得不和妻子、孩子一起前往深圳。深圳南海石油后勤服务基地在当时的深圳算得上数一数二的大公司，能够进入这样一家公司上班，可以说任正非已经领先于绝大部分人了，更何况他的妻子还是公司内的高管。可也正是这样一层关系，给他带来了很大的困扰。

当时，公司里有很多流言蜚语。不少人觉得任正非并没有太多的真才实学，不过是靠着妻子的关系才得以进入公司上班，因此他们打心眼里看不起任正非，将其当成关系户来对待，夫妻二人因此承受了巨大的压力。任正非并没有争辩，而是暗暗发誓要拿出真本事和好成绩来证明自己，他觉得只有取得一番成就，才会让人真正意识到自己的价值，才能够真正赢得他人的尊重。

任正非满怀抱负，期待着未来可以在深圳南海石油后勤服务基地打拼出一番事业，然而理想很丰满，现实却一次次让他失望。当时整个深圳南海石油后勤服务基地内官僚气息太重，管理层过于保守，根本没有想过借着深圳快速发展的东风继续拓展业务；而且缺乏大局观，很多中高层干部都想着如何确保自己的利益最大化，想着如何保证自己不犯错，至于其他部门和其他人的工作状况，他们并不关心。

空有抱负却无处施展才华，这让任正非感到非常憋屈，他意识到如果自己继续留在岗位上，那么可能一辈子都会被官僚主义束缚，而无法实现自己的价值和人生理想。为了尽快摆脱这种局面，任正非产生了一个大胆的想法：直接找到公司的老总，希望对方可以把自己调到一家下设的小公司里去上班，然后赋予自己更大的管理权限。可是老总对任正非并不了解，并不觉得任正非有实力管理好一家公司，于是随便说了几句话便敷衍过去了。

不久之后，公司内再次谣言四起，很多人认为任正非不仅喜欢靠关系、走后门，还颇具野心，幸好老总足够英明，看透了任正非的不自量力和虚伪狡诈。

随着越来越多的人在背后说闲话，任正非在公司内的处境变得非常艰难，他明显感觉到直属领导和同事都在有意排挤他。这样的情况让老总感到有些内疚，毕竟这一切都和自己拒绝任正非有关。可老总也担心自己一旦答应任正非的要求，会导致公司内部的公平体系受到挑战，而且他不希望让一个没有太多管理经验的人去管理公司。经过这件事的发酵，老总对任正非的态度有了些许改观，他打算让任正非尝试着独挑大梁，于是给他安排了下属公司副经理的职位。

任正非非常珍惜这一次机会，他知道自己必须把握住这一次好机会，在下属公司做出好的成绩，这样才不会辜负老总的信任，也能够趁机证明自己的能力和价值，让自己在公司内部站稳脚跟，树立威望。

正当任正非满怀憧憬的时候，一次失误摧毁了他的努力。某一次，任正非经手了一笔订单，可是由于经验不足，轻信于人，对方在收到产品后，却没有支付200万元的货款。当时内地城市月薪还不到100元，对于大多数人来说，200万元就是一笔巨款；对企业来说同样不是一个小数目。

这一次的惨痛经历使得任正非失去了南海石油集团的铁饭碗，也让他背负了巨额债务。原本生活高枕无忧的任正非一下子陷入困境，而在这个时候，他和妻子的矛盾也迅速放大，开始频繁争吵。夫妻之间的争吵是很微妙的事，不是谁先争吵，谁就无理取闹；也不是谁先主动提出和好，谁就更好。本质一定是在对事情的认知和看法上产生了分歧。争是为了更好，不争也是为了更好。是缘分让他们相遇，也是缘分让他们分开，他们离婚了。

离婚之后，任正非只能和父母搬到一间仅有10平方米的小屋里生活。不仅如此，当初他将弟弟妹妹接到深圳生活，现在自己不得不继续担负起他们的生活。

更重要的是，失业、离婚的双重失意，让任正非承受了巨大的压力，原本志得意满的任正非，一下子陷入自责、不甘、困惑和迷茫之中。当时他已经40多岁了，人生还有多少可以把握的机会呢？面临中年危机的任正非陷入人生的低谷。

自从失去工作，任正非就想着如何东山再起，他首先想到的就是创业。不得不说这是一个非常大胆的想法，毕竟他已经40多岁了，还背负一身债务，亲朋好友都劝他找一份稳定的工作。但任正非知道，如果自己不去搏一把，这辈子可能永远都无法翻身了，相比找工作，创业是最能改变现状的一种方法。

另外一个重要的原因在于当时的深圳是创业的热土。在整个广东，深圳是改革开放的重点试验城市。政策的支持吸引了大量企业在深圳开设分公司，也吸引了大批创业者前往深圳。一大批优秀的本土企业涌现出来，和任正非同期的很多创业者后来都获得了成功。比如，中兴通讯是1985年在深圳成立的，招商银行是1987年成立的，中国平安是1988年在深圳蛇口成立的。

在当时的环境和发展趋势下，任正非自然也受到了触动，最终他决定义无反顾地投身到轰轰烈烈的创业大潮中。

第二章
万事开头难

1/ 华为的诞生与交换机

1987年，任正非东拼西凑，凑到2.1万元，开办了一家公司。整个公司处于没钱、没人、没技术、没市场的状态，甚至连公司的名字都没有想好。后来任正非看着墙上"中华有为"的标语非常响亮，觉得还算大气，于是就从中取了两个字——"华为"，公司全名叫"华为技术有限公司"。说是公司，其实办公地点在一栋破旧的居民楼内，虽然不少人劝他换一个更体面的写字楼作为公司总部。但承租写字楼一个月至少也要几千块钱，相比之下，居民楼一个月最多花费三四百元。对于一家缺钱的初创企业来说，居民楼无疑更具性价比。任正非把公司简单装修了一下，就宣告开业。

公司成立之后，首要的任务是先生存下去，所以任正非并没有限定具体的业务范围，基本上什么赚钱就卖什么，得知火灾警报器的利润比较可观，就代理销售火灾警报器；看到电路开关有利可图，就选择卖电路开关。有一阵子，减肥药卖得最好，大街小巷都在宣传减肥药的功效，华为公司也搞起了卖减肥药的业务。甚至一开始有人还向他介绍墓碑生意，公司花费几十元购买一块墓碑的坯料，只需要刻上字，转手卖出去，就可以获利几百元。如果注重雕刻技术，精雕细琢的墓碑可以获利超过千元。

但任正非认为卖墓碑的生意并不符合自己的期望，而且也完全与技术有限公司这样的定位不符，既然是技术有限公司，那么就要做一些有技术含量的业务。有一次，一个做程控交换机生意的朋友找到任正非，让他帮忙卖交换机。程控交换机最早诞生于1970年的法国，也叫存储程序控制交换机，是电话交换网中的交换设备，控制着电话的连接和交汇。从这个角度来看，销售程控交换机的关键是找到使用电话的客户群体，当时电话还没有普及，市场并没有真正建立起来，但大家都对广阔的市场前景非常看好，于是纷纷进入这一领域。

朋友缺乏足够的销售渠道和人脉，手里囤积了不少货物，而任正非曾经在大公司里待过，多多少少有一些销售渠道和客户，朋友希望可以借助他的资源提高销售量。当然，他也许诺给任正非一些提成。

就这样，任正非做起了代理工作，为了提高订单量，任正非锁定了当时风头很盛的香港鸿年公司的HAX交换机。

20世纪80年代，我国电话普及率不高，平均几百人才有一部电话，用户每装一部电话，需要缴纳5000元的初装费。不仅如此，所有安装电话的用户必须统一排号，这样就导致不少用户等待了三四个月的时间也没能安上电话。为了装上电话，请客送礼成为一种常态。

之所以会这样，就是因为当时很多交换机没有多余的接口，不能支持更多的电话。而HAX交换机的一个优势，就在于它可以为二三十部电话提供通话服务，方便电话的安装和普及。因此它进入内地市场后，在矿山、中小企业和医院等小型单位非常受欢迎。

任正非希望可以借助这款交换机占领更大的市场，但问题在于他当时缺少资金，无法支付香港鸿年公司所需的供货费。

为此，任正非找到了香港鸿年公司的老板面谈。

初次接触就让鸿年公司的老板对任正非留下了很深的印象，任正非不凡的气质、真诚的谈吐，让他意识到眼前这个人是一个不同寻常的合作伙伴。阅人无数的香港鸿年公司老板，当即做出一个惊人的决定，慷慨地为这个只有一面之缘的创业者提供了2000万元的赊货额度，持续时间为两年。简单来说，任正非可以不用付现金，就能拿到该公司的HAX小型程控交换机，等到交换机卖出去之后再支付账单。

获得鸿年公司的授信额度后，华为公司以较低的价格买入了一批HAX交换机，然后以高价卖到内地市场，赚取了不菲的差价。随着内地市场的进一步开放和经济的不断发展，程控交换机的需求被进一步激发出来，香港鸿年公司不希望错过这样的机会，于是给了华为大量的订单，而华为也正好依靠着这些订单积累了第一桶金。

有了资金之后，华为公司开始扩大业务量，可也正是在这个阶段，问题接踵而来。首先是销量大增带来的市场供应问题。由于这款交换机非常符合客户的需求，华为经常卖断货，供应量跟不上销售量，频繁断货的现状让任正非感到苦恼。其次就是销量增加所带来的竞争问题。代销是低门槛生意，短短几个月时间，深圳就出现了大量代销企业，而大量竞争者同时涌入市场，最直接的影响就是导致产品价格一降再降。为了增加利润空间，任正非于是选择进口交换机组件，直接组装产品。

1989年，华为购买零配件自行组装BH-01交换机。但是这种组装生意维持了一段时间之后，新的问题又出现了。大量的竞争者进入市场，导致交换机供大于求，市场上出现了大量的滞销产品，华为公司的生意受到了严重影响，加上零配件经常受到供应商的限制和断货，使得任正非对代理商品的经营模式产生怀疑。

他意识到，经济的发展和电话的普及虽然激发了内地市场的发展潜力，但火爆行情的背后，却是国产交换机品牌的畸形发展。比如，他发现那些真正有竞争力的产品大都来自外国公司，这些外国公司也盯上了中国内地市场这块大蛋糕。外国公司有技术、有经验、服务到位，深受内地市场的欢迎。到了20世纪90年代，中国内地市场的通信市场几乎完全被外商占据，外商垄断了技术和市场，其他企业想要生产程控交换机，必须支付高昂的专利转让费，而且质量还不一定达标。正因为如此，很多国内企业只能选择仿制和贴牌，这些产品本身不具备太大的竞争力，质量不好，技术含量很低，一些技术稍微好点的产品则缺乏完善的售后服务机制，配套服务根本跟不上。这种混乱的局面让任正非忧心忡忡，他意识到国内的厂商必须坚持走一条自主研发的道路，革新自己的技术，打造民族品牌，破除外商的垄断和控制。

从另一个方面来说，任正非具有敏锐的市场嗅觉，他当时明显感受到深圳非凡的经济增长速度。深圳是国家政策扶持的重点城市，是开放的前沿阵地，又背靠巨大的市场，有着良好的地理位置。它的发展可以用"一日千里"来形容，许多人将这种发展速度称作"深圳速度"。任正非在深圳多年，自然也感受到了深圳的巨大潜力，他不想错过这样的机会。想要乘着深圳高速发展的东风，推动华为走上高速发展的道路，前提是华为要打造属于自己的技术和品牌。虽然华为当时还不具备改变现状的能力，但任正非已经将自主研发提上日程，只要时机合适，具备自主研发的条件，他就会带领团队努力打造自己的产品和品牌。

2/ 自主研发，保持技术独立性

BH-01交换机为华为带来了不小的收益，但是受限于产品供应问题，任正非决定豪赌一次，自主研发交换机。其实严格来说，BH-01交换机就带有一定的研发性质，只不过这款产品属于仿制品，是华为的工程师们用复印机一比一地复印印刷板制作出来的，受限于专业工具的不足，华为公司当时只能使用万用表和示波器。

如果说BH-01交换机的组装还只是一种简单的尝试，那么接下来的产品则是要真刀真枪地研发了。然而，公司没有人才、没有技术，所有的核心技术都掌握在那些大公司手里，毫无基础的华为想要研发出属于自己的技术，难度可想而知。

想要自主研发，就需要专业人才。于是任正非直接从华中理工大学（今华中科技大学）挖来了郭平，而郭平又介绍郑宝用、聂建林进入华为公司。说起郭平，任正非有一肚子话要说。在自主研发之前，任正非就特意跑到华中理工大学，向相关专业的教师请教交换机的研发问题。校方被任正非的执着打动，于是专门组织师生参观了华为的厂房，很多同行的老师给任正非提供了不少有价值的建议。另外，校方还与华为签订了合作备忘录。

与华中理工大学的合作，让华为实现了最初的技术积累，也为华为招揽了一批人才，郭平就是那个时候被任正非相中的。作为华中理工大学一名留校的毕业生，郭平是学校里的牛人，属于典型的技术人才，理论知识丰富，而且他对任正非的自主研发计划很感兴趣，所以他很快就答应了任正非的邀请。任正非直接将郭平任命为交换机研发项目的经理，全权负责交换机的研制工作。

但仅仅依靠这些人还不够，当时华为的研发队伍基本上都是大学毕业生，他们的理论知识和实践经验都不丰富，因此常常处在一种半研发、半学习的状态。一些老员工曾经这样回忆当时的工作画面：一大群研发人员一边手捧着南京邮电学院（今南京邮电大学）陈锡生编撰的《程控交换原理》看，一边设计软件和硬件。除了经验、技术不行，还缺乏相关的研发设备，研发人员更是少得可怜。五六个人组成的项目团队，既要负责全部硬件的设计，还要负责软件的编写与调试，工作强度非常大。在研发的关键阶段，负责项目的员工从早到晚一直在工作，不断编写软件，然后调试、修改、再调试。

为了更好地了解技术研发的原理和方法，大家除了学习设计和研发的理论知识外，还重点对市面上的各类交换机进行拆机处理。相关的成品会被切割成各个独立的零件，大家围在一起研究各个零件以及产品的内部构造，了解具体的运作原理，了解产品的优点和缺点，以此作为自主研发的参考资料。这是一项非常复杂烦琐的工作，会耗费很大的精力。由于人手不够，员工还要做一些搬运和包装的杂活，可以说，大家的工作范围并不固定。

也正是在这个阶段，形成了华为独特的加班文化。为了尽快研发出属于自己的新产品，白天的时候，大家争分夺秒地工作，累了困了就在泡沫板上躺一会儿，醒来接着工作。晚上，员工们干脆不回家，直接将床搬到公司里。当时任正非在仓库的角落里垒起一道墙，算作一个临时的卧室，十几张床挨着墙边一字排开，有时候床铺不够用了，大家就直接把床铺在泡沫板上。随着员工的增加，华为换了一个更大的厂房，为了保证研发工期不会受到影响，任正非将厂房划分为四个区域：仓库、员工临时居所、厨房和生产场地。由于厂房有限，生产场地也受到了压缩，任正非于是又将生产场地划分为单板、电源、总测和准备四个功能区。有人专门设计线路，有人专门点焊电路，有人专门调试机器，大家明确分工，互不干扰。

由于工作强度太大，不少人都累病了，可是很少有人请假，不舒服的时候随便吃点药，一边治病一边工作是常态。而真正困扰任正非的大问题还是工资。员工工作压力大，工资却不高，更别说有什么加班费和奖金了，这让任正非感到有点内疚，可技术研发本身就是一个烧钱的项目，公司实在拿不出更多的钱。在决定自行研发产品的1991年，华为的现金流一直都很紧张，常常出现巨大的资金缺口，有时候连最基本的工资都发不出来，以至于任正非不得不四处借钱。

在这种尴尬的处境中，任正非只能想尽一切办法为研发工作创造更好的条件，他开始重点抓财务，尽可能整合并节约更多的资金，以维持公司的正常运转。任正非的父母为了支持儿子的事业，开始负责操持整个家庭，严格控制好每一笔家庭开支。为了节约用钱，老人每天等到集市将要散去才进去买菜，选择一些被人挑剩下的菜叶，这些菜叶大都不新鲜，且有很多虫蛀，但价格非常便宜。为了改善伙食，补充营养，任正非的父母会定期买一点肉，也会去菜市场买一些刚死掉的鱼虾。

好在大家的努力有了一些回报。1991年12月，华为自主研发的产品终于通过了全部的基本功能测试，首批三台BH-03交换机于12月2日正式包装发货出厂。不仅如此，邮电部还给华为公司颁发了合格证书。对华为公司来说，这无疑是一次巨大的成功，意味着华为再也不用走代销的老路了，所有人都对未来充满了期待。

为了庆祝华为第一个自有知识产权和品牌的产品面世，公司特意举办了一场简单的自助餐庆功会，这是将近一年来，大家首次表现得如此放松和开心。可是在这一次庆祝会的背后，却隐藏了一个令人心酸的事实：在举办庆祝会的时候，华为的账上基本上已经空了，公司在整个1991年收到的订货合同预付款已经全部投入研发和生产了，如果公司再不发货，不及时回款并创造收益，那么公司只能宣告破产。

一切胜利都是价值观的胜利。天性乐观的任正非并没有被困难吓倒，在部队里待过的他知道，只要拿出不怕困难、勇于攀登的奋斗精神，团结互助、众志成城，就一定可以克服一切困难与障碍，而BH-03的成功让他对未来有了更大的期待。有一次，他和员工闲聊，畅想未来，有的人想着有朝一日可以拿到很高的工资，可以住大房子，此时任正非接过他们的话："以后你们买房子，一定要买朝向阳面的房子，还必须有宽敞的阳台。"员工们追问原因，任正非非常豪迈地说："因为将来大阳台可以用来晒分到的钱。"

考虑到当时的发展状态，员工们并不认为自己真的可以等到那一天，不认为华为公司有朝一日可以成为世界级的大公司。但任正非却以这种开玩笑的方式坚定了自己的理想，他相信华为终有一天可以满足所有华为人的愿望。不仅如此，任正非直接喊出了目标："10年之后，世界通信行业三分天下，华为将占一分。"

3/ 继续研发，跟着市场前进

在研发BH-03的时候，任正非并没有一味追求技术上的突破，更多时候，他在遵循市场需求，按照客户的需求来设计这款新产品。

首先，BH-03虽然在技术上拥有华为的血统（里面每块电路板的设计和话务台软件的研发都是华为自己做的），是真正的国产货，但是产品在外观设计、性能和技术设定上都尽可能满足客户的需求，质量也有保障。还有一点，就是产品的价格较低。市场上最受欢迎的是国外生产的交换机，这些交换机质量很好，性能强大，但是价格很高，是国产交换机的好几倍。加上电话安装费比较昂贵，所以对于大多数用户来说，电话仍旧是一件奢侈品。而华为研发生产的交换机不同，它兼具了国产交换机价格低和外国交换机质量好的特点，所以受到了市场的欢迎。

另外，BH-03相应的配套服务也达标。为了更好地留住客户，华为制定了更完善的服务机制。比如，华为吸取了之前交换机因为产能不足而引发客户不满的经验教训，在保证产能跟得上的基础上努力进行销售，确保每一个客户都可以在规定时间内拿到产品。华为还为客户提供了非常贴心的上门安装服务和上门检修服务，只要客户有需求，华为的员工就会第一时间赶到现场帮忙解决问题。这使得华为的售后服务赢得了知名度。

尽管华为还没有生产出足以媲美外国厂商生产的交换机，BH-03也不是一款优秀的产品，但它的出现让任正非第一次意识到华为有能力去追赶外商的产品。他认为只要按照目前的节奏发展下去，华为在不远的将来就可以获得更多的市场份额，进而在技术上、市场上打破外商的垄断。

为了进一步迎合市场，华为必须不断进化，研发出性能更优的产品。这个时候，另一个出色的技术天才进入任正非的视野，他就是郭平介绍和推荐的郑宝用。郑宝用是郭平的校友，是技术方面的天才，更重要的是，他非常崇拜任正非，欣赏华为公司的奋斗文化和拼搏精神。当任正非向他发出邀请时，这个正在读博士的技术天才直接放弃了学业，加入华为公司。

如果说郭平是华为公司自主研发起步的大功臣，那么郑宝用的到来则给华为公司注入了一剂强心针。依靠着出色的技术才能和对市场的准确判断，郑宝用与郭平相互配合，共同协作，在1992年，联手设计出一款重要的产品HJD-48。之所以取这个名字，是因为这种交换机可以同时带动48个用户。但相比前面几款产品，它的体积要小很多，非常方便安装。

更重要的一点是，这款产品的价格更为低廉，质量也更好。这些特点对于想要安装电话的客户来说，无疑具备很大的吸引力。尽管很多同行都在诋毁华为的这款产品有些不伦不类，可是对于广大的客户群体来说，只要质量过硬，价格便宜，那就是好产品，就是真正为客户着想的产品。

HJD-48在前作BH-03的基础上有了很大的进步，华为也因此俘获了大批客户的心。更重要的是，华为的技术积累有了进一步的提升。在此基础上，郑宝用带领团队开发出HJD-04

500系列，这款交换机性能强大，可以同时满足500个用户的使用。

随着市场订单的增加，华为的发展规模开始扩大。1992年，华为公司总产值突破1亿元，公司开始扩大厂房，增加生产线，还组建起自己的设计和营销团队。可以说，这个时候的华为公司已经在研发和营销上全方位向市场靠拢了。

1992年前后，国内的电信市场发生了巨大变革，大型电信运营商走上历史舞台。而从1993年开始，中国市场电信设备采购统一归属于各个电信公司，它们是电信局的上级单位，包括中国移动、中国联通、中国电信、中国网通。华为要面对的正是这些大型电信运营商，而想要拿到它们的订单，公司往往需要想办法打通各个地方分公司。这类分公司虽然比之前的企业客户少很多，但它们通常代表一个省、一个市的全部订单，利润远超用户交换机。

相比之下，华为之前无论是代销的产品还是自主研发的产品，都是小型用户交换机，主要的销售对象是各种事业单位和企业机构，而每个机构最多能开1000个用户。从交易的角度出发，华为每一次的成交量并不高。为了迎合市场变化，华为需要做出转变，以便获得更大的收益。这个时候，任正非产生了一个想法，那就是放弃原先的用户交换机，转而研发和生产局用交换机，将客户锁定为大型电信运营商在各地的分公司。

研发局用交换机与研发用户交换机的原理不同，华为公司想要研发出自己的局用交换机，在很多地方都需要重新开始，然而任正非打定主意要研发局用交换机。

研发局用交换机的难度不仅体现在技术上，如何获得更大的市场才是一个大问题。因为随着华为进入局用交换机领域，它的竞争对手也发生了变化。在用户交换机领域，华为的竞争对手大都是一些贴牌和仿制的商家，尽管也有一些外商的参与，但外商的主营业务是局用交换机。当时法国的阿尔卡特、瑞典的爱立信、美国的AT&T和IBM公司、日本的NEC和富士通等大企业为了把握中国市场，大都专注于这一领域。这些企业动辄几十万员工的规模，几百亿美元的年营业收入。像IBM这样的巨头，每年投入的通信技术研发资金甚至达到了100亿美元。对华为这个年营业收入刚突破1亿元人民币的小企业来说，眼前的这些巨无霸企业简直无法想象。

可是，在任正非看来，如果自己因为害怕竞争而放弃研发局用交换机，华为将永远无法变大变强，更别说在通信领域三分天下。

4/ 失意的 JK1000

自从进入交换机领域以来，任正非做出的判断和决策大都是正确的。无论是最初选择做交换机代理，还是后来走上组装以及自主研发产品的道路，任正非都能准确把握住行业的发展趋势。而在选择从用户交换机向局用交换机转移重心时，任正非同样对自己的决策深信不疑。

在决定研发局用交换机之前，任正非有两个选择：第一个是选择研发局用交换机，第二个是选择研发数字程控交换机。

相比之下，数字程控交换机通话距离远、传输速度快、使用寿命长、通话音质清晰、误码少，而且它的接口非常丰富，具备组网、局用机汇接功能，能够发挥出应用软件的功能优势，还可以拓展其他功能。可是这款产品的研发难度更大一些，无论是技术要求还是资金要求，对华为公司来说都是一个不小的挑战，而且任正非当时判断国内市场不可能在短时间内转向数字化市场。

任正非做出这个判断的依据很简单。1990年，中国的固定电话普及率只有1.1%，在全球185个国家和地区中排名第113位。相比之下，发达国家的电话普及率高达92%。按照当时的普及速度，任正非觉得即便到了2000年，中国的电话普及率最多只有6%。按照这样的趋势，数字程控交换机的普及将会非常缓慢，华为没有必要急于一时，不妨先在局用交换机上发力，抢占市场。

1992年，华为公司开始局用交换机的研发工作，项目展开之后，大家才意识到研发困难比预想中的要大。此前华为虽然也做交换机，但用户交换机与局用交换机没有太多的关系，华为内部的技术人员对局用交换机的认识度也不够高。为了更好地推动项目的进行，任正非任命郑宝用为自主研发的负责人，并且让郑宝用全权负责项目团队的组建工作。与此同时，华为公司开始进入大学大量招收专业人才，也正是在这个时候，一个名叫徐文伟的技术员引起了任正非的重视。任正非觉得他是一个难得的人才，具有国际化视野，就多次进行游说，将他拉入华为研发部，专门负责芯片、总体技术、预研等工作，主攻的方向是硬件。除此之外，华为又从中国科学技术大学招聘了毕业生王文胜，让他专门负责软件开发，而正是王文胜，顺利设计出相关局用交换机的所有前台软件。

然而，局用交换机的研发是一个非常烧钱的项目，整个华为几乎将所有的流动资金都投入了研发项目，任正非承受着巨大的压力。在一次动员大会上，任正非激动地站在5楼办公室的窗前，对众人说道："如果这次研发失败了，我就从楼上跳下去，你们还可以另谋出路。"

在巨大的压力面前，华为上下都保持高度紧张，所有人都向着一处发力。这一次，华为的奋斗者文化再一次发挥了作用，经过一年时间的奋斗，华为终于研制出自己的局用交换机。

考虑到这是华为全新的产品，所以没有沿用过去的BH系列，而是将其命名为JK1000。

接着，任正非迫不及待地主持召开市场经理会议，明确JK1000为市场营销的唯一重点，他对各地办事处主任提出了要求：所有办事处主任必须亲赴现场支持销售工作。为了提升销量，华为公司的培训中心精心准备了关于JK1000的各种营销话术和宣传海报，担心人手不够的任正非，直接要求研发部的员工也来壮声势，配合销售部的工作。

正当所有人憧憬JK1000的未来时，市场的变化却大大出乎任正非的设想。原本他预测中国的电话普及率到2000年才可能达到6%，可是在1993年初的调研中，相关的统计部门发现中国的电话普及率已经超过6%。在未来几年时间内，增速只会越来越快（事实上，到2000年的时候，中国的电话普及率突破了50%）。很明显，国内市场的变化速度完全超出了预期，而这样的结果意味着落后的局用交换机技术将会被迅速淘汰，它们再也无法为越来越庞大的电话用户群体提供便捷的服务。为了迎合电话普及的速度，数字程控交换机将会成为未来市场的主角。

任正非和华为因为误判而错失了最佳的发展机会，反观那些外商，它们在数字程控交换机的研发上提前布局，引领了这一潮流。其中，阿尔卡特、爱立信等公司更是联合向国家电信局提出"通信网建设要一步到位"的方案，这对华为来说是一个重大的打击，意味着华为辛苦一年研发的局用交换机一出场就面临被淘汰的困局。

引领数字技术的跨国巨头没有给华为任何喘息的机会，直接进行降维打击。为了说服电信部门的负责人，这些公司甚至邀请电信负责人前往总部参观新的技术和产品。形势对华为越来越不利。事实上，直到1993年7月4日，江西乐安县邮电局公溪支局才成为华为的第一个用户，接下来的一段时间，陆续有一些邮电局购买和使用华为的产品。但整个1993年，华为的JK1000只卖出去200套。

面对这样的困局，任正非并没有坐以待毙。为了减少损失，他四处游说，认为各地区的电信建设应该一步步走，像农村地区或者偏远山区，可以选择用局用交换机来过渡。在一次关于电信建设的座谈会上，任正非对着电信分公司的领导说道："数字化交换机固然好，但也必须因地制宜进行选择，对于一些贫困地区，数字化交换机太过先进，大材小用，不如现有的交换机经济实惠。"

任正非的话引起现场的一些共鸣，一些偏远地区开始购买华为的产品。当然他们也担心由于地理因素，华为的产品一旦出现问题，维修起来会很困难，而且随着数字化技术的发展，现在使用局用交换机的地区将来在更新换代时，是否存在巨大的更换成本。面对大家的质疑，任正非尽可能做出承诺，表示未来几年时间内，JK1000的性能都不会过时，而且公司会及时安排专人维修损坏的交换机。事实上，华为公司也是这样做的。

1993年的下半年，华为公司的维修团队走访了各个乡镇，为每一个购买JK1000的客户进行免费检查和维修，确保产品的正常使用。

对于这段经历，任正非感触良多："华为在茫然中选择通信领域是不幸的。这种不幸在于，所有行业中实业是最难做的，而所有实业中，电子信息产业是最艰险的；这种不幸还在于，面对这样的挑战，华为既没有背景可以依靠，也不拥有任何资源，因此华为人尤其是领导者将注定要为此操劳终生，要比他人付出更多的汗水和泪水。"

虽然从市场销售的角度来分析，JK1000是一个失败的产品，但在安装和维修产品的过程中，华为公司良好的服务态度给客户留下了很深的印象，在无形中产生了良好的品牌效应，而这也为华为之后开拓农村市场奠定了坚实的基础。

>> **第三章**

把握市场，开始蓄力

1／破局产品：C&C08

JK1000的失败重创了华为公司，不仅浪费了大量的资金，还导致华为失去了宝贵的追赶时间，好在任正非幡然醒悟，及时止损，并下定决心打造一款自己的数字程控交换机，缩短与外商企业的差距。话虽如此，实施起来却很困难。因为华为本身没有研发数字程控交换机的经验，要知道这种类型的交换机比局用交换机的研发难度大很多，普通的企业根本无法完成相关技术的研发，华为能不能研究成功还是一个问题。还有一点，国外的巨头早就抢先研究相关产品，技术相对成熟一些，经验也更加丰富，华为此时才发力，是否能够追赶上对方的脚步？双方的差距有多大？即便华为研发出相关的产品，是否就一定能够赢得市场的认同？

在当时的华为公司内部，持有怀疑的声音不在少数，但任正非还是义无反顾地选择投入新技术、新产品的研发之中。在他看来，如果华为就此放弃研发工作，只会进一步落后于对手，到时候，华为在交换机领域将没有任何立足之地。任正非的判断没有错，但新产品的研发需要大量资金来支持，而华为最缺的还是钱，更何况此前的JK1000给华为公司造成了很大的负担，华为的资金变得更加紧张，只能借助贷款来推动研发工作。

结果，新的问题再次出现。1993年，银行突然收紧贷款，华为再也不能像过去那样贷款了。原来，自1992年开始，中国经济快速发展，但也引发了过热的商业投资，以及盲目投机的不当行为。为此，中央银行颁布了一系列措施，其中就包括银行的内部整顿，严格管控贷款。

政府严格控制企业银行贷款的行为，对华为这样的小企业来说无疑是一个不好的消息。为了解决资金问题，任正非一方面严格控制好资金的分配，绝对不浪费一分钱；另一方面则想到推广员工持股的模式，员工可以花钱购买部分股份，或者以工资来换取股份，公司会将每年的盈利按照股份给员工分红。整个持股制度实行责任共担、利益共享的模式，这样可以有效解决资金不足的问题，同时激发员工的潜能。这种股权分配的制度为后来的全员持股模式的诞生奠定了良好的基础。

在艰难的条件下，华为公司确定了研发2000门交换机的目标。说起这件事，还要归功于华为内部的一名员工——曹贻安。他毕业于北京邮电大学，是一个很有远见的技术员。在华为自研交换机时，他就多次向任正非进言，希望华为公司尽早开发数字交换机，要知道，任正非当时还在推动华为公司研发模拟交换机。

有一天，曹贻安对任正非说："你给我50万，我给你做2000门的数字交换机出来！"任正非听了这句话非常生气："你研制出来，我给你扔海里去。你50万能干什么？我要的是一流的设备。人，我一个没有，你自己招；钱，你不用操心，公司想办法！"

受到鼓舞的曹贻安很快就自己招人，组建了一支几十人的研发团队。与其他研发团队不同，为了不受到影响，他带领团队在公司外面租房，每天工作十八九个小时。

由于长期缺乏资金，加上技术研发上又迟迟没有重大突破，整个华为公司始终处于高压状态。任正非也非常焦虑，他知道这一次的研发如果还不成功，华为公司或许就永无出头之日了，将会被外商彻底压制。所以他在动员大会上发了话，要求研发生产部门必须在未来几个月内打造出一款成熟的产品。

任正非坚信研发团队可以完成任务，因此早早就安排营销部门配合宣传，确保产品一经面世就可以直接进行宣传和推广，第一时间赢得市场的关注。

为了做好宣传工作，华为还特意寻找了一个合适的宣传试点地方，那就是浙江金华的义乌。因为义乌自从1984年宣布对外开放小商品市场后，经济发展速度非常快，当地居民的收入越来越高，且大家都拥有安装电话的需求，选择在这个地方进行宣传，无疑可以更好地抓住客户的心。

不久之后，任正非安排销售人员前往义乌电信局，销售人员向对方展示了华为公司此前的几款产品，然后详细介绍了即将生产的数字程控交换机。

义乌电信局的领导很有耐心地等待华为公司的新产品，可一连过了好几个月，研发部也没有给出成品。这让任正非非常焦急，他知道华为如果还无法提供产品，对方可能就会放弃华为，转而购买其他公司的数字程控交换机。

在这个关键时刻，任正非做了一个大胆的决定，他让销售人员直接拿着还没有完全研制好的"产品"去见义乌电信局的领导，结果可想而知，这个未完成的产品在接受对方的技术测试时，表现得非常糟糕。

尽管如此，华为仍然没有放弃，负责研发工作的郑宝用直接将研发团队调往义乌，一边研发，一边测试。在这种情况下，华为公司几乎将大部分资源都倾斜到义乌的研发团队上，不久之后，义乌的研发团队终于打造出华为公司的首款数字化交换机，并命名为C&C08。义乌电信局局长试用完新产品之后，做出了高度评价："我们以前用的是上海贝尔公司生产的1240交换机，贝尔的同志早就说要开发每板16个用户的用户板，但直到目前还没有推出。想不到你们公司这么快就推出来了，你们走在了前面。"

C&C08交换机的出现挽回了任正非之前战略误判所带来的部分损失，华为公司终于有了自己的数字程控交换机，虽然这款产品还不够完美，而且出现的时间稍微晚了一些，但对华为来说，它就像一场及时雨，确保华为在数字程控交换机领域拥有了争夺市场的资本。有人曾这样形容C&C08交换机的研发意义：在外商面前，华为终于不用再穿草鞋，而是穿上了体面的皮鞋。

C&C08交换机为华为后续的数字程控交换机研发打开了通道，可以说后续的产品都是在它的基础上发展起来的，这个系列的产品在华为公司发展史上留下了浓墨重彩的一笔。1994年，C&C08交换机全面通过广东省邮电科学研究院测试鉴定。同年，该机型在北京国际通信展上首次展出。这一年，C&C08交换机直接为华为带来8亿元的销售额。

1995年，C&C08交换机通过邮电部的生产定型鉴定，与此同时，国家开始提出"村村通"计划，主张"农村包围城市"的华为把握住了这次机会，C&C08交换机作为华为"农村包围城市"战略的重点产品，一举斩获了13亿元的订单。而随着农村市场的拓展，这一系列的交换机持续发力，在之后几年时间里，年销售额一直以每年超过100%的速度疯狂增长。到2003年时，累计销售额高达千亿元，C&C08交换机也成为全球销量最大的单一机型。

单纯的销售额并没有太大的意义，真正重要的是，C&C08交换机的出现将华为推向了一个高峰。之后不久，华为在此基础上不断研发新产品，逐步结束了七国八制的市场垄断。过去动辄300美元、400美元的数字程控交换机，一下子就降到了100美元甚至50美元以下，外商的市场开始迅速萎缩。可以说，华为以一己之力改变了国内交换机市场。

2/ 天才李一男，敢于冒险的人

随着2000门数字程控交换机研发工作的推进，不甘心的任正非又将目标定在万门机上。

某一天，一个年轻人突然找到负责交换机研发的郑宝用，向他提出研发万门机的建议，这个建议当时在公司内部引发了不小的争议。因为华为公司当时的主要市场在农村，还都是一些乡镇级别以下的电信局，对数字程控交换机的性能要求并不高，2000门的交换机足够应付各种应用场景了，根本用不着研发万门机。大家普遍认为，盲目研发万门机，只会造成更大的浪费。

但郑宝用非常认可李一男，并且将研发大权交给了他。就这样，这个在华中理工大学硕士二年级就加入华为的天才，迎难而上，担起了研发万门机的重担。不仅如此，任正非也非常认可李一男的能力，为了开发万门机，任正非任命他为开发部下设的模拟交换部、数字交换部和通信电源部三个部门的主要负责人之一。

在研发万门机的时候，李一男最初参照上海贝尔公司的做法，用内部的高速总线将多个交换模块连接在一起，最终实现了从2000门到万门的拓展。弄清楚原理后，李一男直接张口向任正非要20万美元，想从英特尔公司购买MultibusII总线的开发板和工具。这笔钱在当时是一笔不小的开支，更何况华为一直存在资金短缺的情况，因此很多人都反对公司给钱。可是用人不疑的任正非还是大手一挥，把钱给了李一男。

正当大家等着李一男用这笔钱搞出什么大动静时，意外发生了，大家经过研究，发现华为公司根本没有能力支撑MultibusII总线的运行，自然也就无法实现多个2000门机的连接，这就意味着之前花掉的几十万元彻底打了水漂。消息传开后，华为内部一下子就炸开了，很多人公开站出来批评李一男，认为他盲目自大，浪费资金。但是从始至终，任正非一句话也没说，就像什么事情也没发生一样。

任正非的包容让李一男很受感动，他迫切希望尽快研发出万门机，但研发工作进度缓慢，迟迟无法获得突破，这让他有些沮丧，甚至开始自我怀疑。承受巨大压力的李一男在和下属谈话时，有些气馁地说："我可能干不下去了，以后你接着干。"

不久之后，李一男听到了一个消息，美国AT&T公司的5号交换机中使用了光传输技术，尽管技术还不成熟，但还是让李一男心头一震。这个时候，他产生了一个非常大胆的想法，那就是将光纤运用到万门机的研发工作中，借助光纤将多个2000门交换机模块连接起来。当时国外的万门交换机是通过电缆来连接的，可电缆对维护的技术要求高，铺设成本很大，并不适合远端市场，相比之下，光纤最适合远端。

当时的光纤技术并不成熟，谁也不知道这个方法是否可行，华为是否具备这样的连接技术。

但李一男是个敢于冒险的人。他的冒险并非轻率之举，而是深思熟虑后的勇敢前行。只有做好万全准备，才能在未知的世界里游刃有余。

很快，华为公司就在他的要求下利用光传输技术连接起2000门交换机模块，没想到效果非常好，华为终于突破了万门机最关键的技术。1993年8月，C&C08数字万门机顺利研制成功。这款交换机的成功使得华为很快追上了外商的脚步，不仅如此，由于华为在光传输技术方面的研究和突破，使得华为的产品在某些方面比西方同类型产品更具优势。华为的万门机很快受到市场的关注，而华为一口气推出了几款系列产品，迅速占领市场。不仅如此，依靠这一次的试验，华为在接入网、光传输产品的研发工作上也获得了很大的突破，走在了行业的前列。

从华为发展的轨迹来看，华为公司之所以能够获得如今的地位，主要在于它把握住了三个发展机会：第一个机会是1993—2000年，交换机接入网产品开始跨越式发展；第二个机会是2001—2005年，在整个行业中，传输网络产品出现了跨越式发展；第三个机会是2006—2018年，全球移动通信产品呈现出跨越式发展的形态。而华为之所以能够把握住后两个机会，前提在于它把握住了第一个机会，从而为华为后续的发展奠定了坚实的基础。其中，万门机的研发功不可没，可以说是推动华为转型的重要推动力量。

C&C08数字万门机的成功也让李一男名声大噪，并且被提拔为公司副总裁，华为公司内部都将其当作天才的领导者和任正非的接班人，更何况任正非也非常看重李一男。正当大家对李一男的未来进行各种猜测时，积极准备下一款新产品研发工作的李一男，却突然被调离科研部门，前往市场部从事产品推广工作。其实华为公司内部一直都有岗位轮换的传统和制度，为了推动内部各岗位工作的经验交流，公司会要求员工在各个岗位上调动，尤其是做研发工作的人，往往需要去市场部履职，以便更好地了解市场动态。

但正是这样一个正常的人事调动，让李一男产生了误会，到了市场部后他始终藏着心事。

2000年的时候，李一男再次被调换到其他部门。

这一次，这个不善言辞的年轻人爆发了，他向所有人诉说了这几年内心的不快，然后毅然决然地向任正非提交了辞职信。任正非百般挽留，但多年来的工作调动早就磨掉了李一男的耐心。惜才的任正非懊悔不已，他特意为李一男举办了一场热闹的欢送会，在欢送会上，任正非与李一男敞开心扉说了很多的话，又在伤感中互相祝福。

在华为的发展历程中，李一男的离去象征着一段重要章节的结束，就如同秋叶终将归根，但它并不会使生命之树停止生长。任正非与华为虽然面临人才的更迭，却并未因此而停滞不前。华为沿着从模拟交换机到2000门交换机，再到万门机的技术发展之路，不断前行，开拓了通信行业的新天地。

在人才的洪流中，华为如同磁石般吸引着一批又一批优秀人才，他们如同星辰汇聚，共同照亮了华为的发展之路。每一款高质量、高性能的产品都是智慧与汗水的结晶，它们不仅巩固了华为的市场地位，更为华为持续创新和不断超越提供了动力源泉。

3/ 维护客户关系，提升品牌的渗透性

在华为发展的早期，由于在技术上与西方那些通信巨头存在差距，华为很难通过技术竞争来建立优势，所以必须通过其他方式来弥补差距，提升华为的市场吸引力。

因此华为在积极推动自主研发项目的同时，也在努力构建一个完整的营销系统和服务系统。按照华为人当时的说法，客户关系就是第一生产力，维护好客户关系是所有华为人必须做好的工作。

许多华为老员工依稀记得华为在发展初期所遭遇的窘境，很多时候，好不容易吸引一个客户来公司购买产品，可是当对方来华为工厂参观生产基地之后，就迅速变脸，认为华为的生产环境太糟糕，技术水平和质量难以得到保证，因此直接放弃合作。这样的情况发生了不止一次，极大地伤害了华为人的积极性和自信心。

为了赢得客户的认同，顺利签下合同，很多销售人员一年时间都在外面跑市场，不少销售员在一年时间内跑遍了全国500多个县。每到一处，他们都会扛着机器给对方演示，认真讲解产品的性能、优势和用法，但客户并不看好他们的产品。多数时候，华为的销售员只能白忙一场。

有一次，华为的营销团队前往伊春电信局洽谈业务，时值寒冬，华为派出去的骨干团队顶着零下40多摄氏度的严寒天气给客户进行演示。由于客户不满意产品，大家只好一遍又一遍地调试产品，身体几乎冻僵。在经历了大半年的技术交流和调试后，对方仍旧放弃购买华为的产品，这让营销团队备受打击，在离开伊春的当天，在场的所有华为员工抱头痛哭。

华为公司的发展越来越好，可情况并没有得到多少改善，仍旧有很多客户不认同华为公司的产品和品牌。有时候，华为公司认真介绍自己研发产品的优势，一些客户就会非常不耐烦地打断他们的话："既然你们的设备比朗讯、西门子的还厉害，那你们怎么不卖到国外去？"面对这种无礼的问题，华为的销售人员感到屈辱和无奈。

尽管当时的华为已经研发出自己的数字交换机，但在很多人眼中，华为仍旧是一个名不见经传的小企业。1996年，中关村四通公司的一位名叫李玉琢的副总裁打算离职，四通公司的总裁当时问他："你准备到哪里去呢？"李玉琢想也没想，脱口而出："去华为。"总裁愣了一下，然后非常惊诧地说："华为？没听说过，没什么名气吧？"

由此可见，当时的华为在市场上的存在感并不那么强，很多人甚至都不知道有华为这样一家公司。而正是因为如此，让任正非意识到公司不能总是专注于技术研发，还应该积极提升营销能力，需要通过良好的销售工作和售后服务工作来拓展华为的影响力，提升华为的品牌知名度。

首先，任正非对营销方式进行了变革，在选定目标客户之后，增加营销人数，将大部分营销资源集中在一处使用。比如，华为公司经常会与其他企业争夺市场，为了确保服务的质量和优势，华为公司会安排数倍于对方的人手去开拓市场、维护客户关系。有时候，一些外商在相关市场的办事处只安排四五个人，而华为则是将附近地区上百人的营销团队调往该市场，与竞争对手抢夺资源。

通信展览会作为宣传产品和品牌的绝佳平台，华为从来不会放弃这样的展示机会，几乎每次参加通信展览会都会将最好的产品展示给客户。不仅如此，他们还会安排一支10人的小团队接待客户，每个人都有不同的分工，大家紧密配合，共同服务好客户。而其他企业通常只安排一两个人，在服务方面自然没有华为那么贴心和周到。这种集中营销的模式让对手很难受，他们忍不住吐槽："这是一场你很难赢的竞赛，因为你永远会发现自己面前站着一群华为人。"

每一颗小石子都可能成为铺就成功之路的关键。不要小觑那些看似平凡的努力，它们或许正是成就非凡的基石。许多人评价华为的方法不入流，因为优秀的公司根本不需要这样做，客户一样会找上门合作。但事实上，正是这种不起眼、不入流的方法，让华为人抢占了更多的客户资源。

也有一些企业试图模仿华为，打造人海战术来营销，可无论增加多少人，始终无法和华为竞争。这个时候，他们才知道华为的营销团队之所以能够获得成功，不仅在于队伍的素质很高，还在于华为为营销部打造了强大的后援团队。销售人员在推销产品的时候，可以源源不断地获得来自后方、来自其他部门提供的助力。后援团队会帮忙设计技术方案，做好外围关系的拓展工作，处理各种营销难题，甚至还会为营销团队搜集重要的信息。正是这种高效的配合，有效提升了华为营销团队的绩效。

除了人数优势与密切配合外，华为提升营销力的第二个撒手锏就是低价策略。对于华为来说，之所以不被市场认可，技术上的差距只是原因之一，品牌力不足导致缺乏吸引力才是更加致命的因素。为此，任正非想到了用低价吸引客户的策略，通过设置比其他厂商（尤其是外商）更低的产品价格，华为可以吸引更多客户的关注。尤其是一些经济不发达的地区，没有太多的资金安装昂贵的进口交换机，也没有太多的资金维护机器的运转，这个时候，价格更具吸引力的华为产品就成为完美的替代品。

出色的营销能力与合理的营销策略，帮助华为逐步拓展交换机市场，而真正想要长久立足市场，赢得客户信任的方式是做好售后服务工作。

为了赢得客户的认同，华为拿出一流的服务水平，包括良好的服务态度、极致的服务效率、完善的服务机制。对于客户的要求，华为总是想办法在第一时间满足。比如，在1996年春节期间，河北张家口电信局的网络突然瘫痪，负责人立即打电话给厂商，要求对方尽快维修。可是正在放假的厂商并没有派人过来维修，而且天气那么寒冷，维修人员根本不愿意加班。情急之下，电信局的负责人想到此前来这里推销产品的华为公司，于是也顾不得那么多，尝试着拨通华为公司此前留下的电话，结果华为公司的维修人员立即表示愿意帮助电信局维修机器。事后，张家口电信局对于华为的仗义相助表示非常感激，直接将内部的设备全部更换成华为公司的产品。

在构筑坚实的营销与客服基石后，华为以维护客户关系为纽带，织就了一张信任与忠诚的网。正是这张网，成为华为逆转竞争风云、开拓市场疆域的关键。水滴穿石，非一日之功，华为的每一步成长都凝聚着对客户承诺的坚守与兑现。在赢得客户心的同时，华为也在国内市场的棋盘上，稳健地落下了一枚枚棋子，谱写下属于自己的发展篇章。这不仅是一场商业的胜利，更是对"以客为尊"哲学的深刻诠释和实践。

4/ 人才转型：市场部大辞职

很多企业在做大做强之后，往往会陷入发展的瓶颈。这些企业拥有出色的技术、强大的人才队伍、丰富的资源，但囿于落后的管理理念和思维，这些企业往往会出现一些大企业病。内部会出现论资排辈的情况，老员工会阻碍新人发展。

华为也不例外。当华为研发出万门机后，销售范围越来越广，市场也越做越大。这个时候，销售的工作变得更加复杂。他们不仅要销售产品、维护客户关系，还要想办法为客户提供解决方案、技术支持以及周到的服务。为此，华为需要组建一支由销售人员、产品方案人员、技术人员共同组成的销售服务团队。可是很多老员工都是从早期提倡英雄主义的发展阶段中成长起来的，他们还保留了个人英雄主义的理念，无法与其他人进行配合，无法做好市场策划工作。可偏偏这些老员工不愿意退场，这让那些注重合作，能够为客户提供更好服务的新人迟迟得不到发展的机会。

新老员工的矛盾一触即发，并在内部引发了关于公平的激烈讨论。很多干部能力不行，跟不上时代发展的脚步，反而一直担当要职；而有的员工默默奋斗多年，工作能力突出，对未来充满期待，却一直无法获得表现的机会。有的干部贡献非常小，可是却依靠着老员工的身份分到了更多的股权；而那些新人即便能力出众，绩效出众，也不得不在公司最底层奋斗。

大企业往往也讲究人情世故，但这些人情世故可能会毁掉新人的工作激情，消磨企业的活力。如果情况继续恶化，轻则导致工作效率低下，重则直接引发华为内部的分裂。面对潜在的危机，任正非意识到改革势在必行。

1995年12月26日，任正非发表了名为《目前形势与我们的任务》的文章。在文章中，任正非谈到了华为目前遭遇的困境，并且给所有人发出了警示，所有人都可能辞职，而这种辞职会对华为未来的发展带来很大的帮助。可以说，在文章中，任正非就集体辞职一事给所有人打了预防针："为了明天，我们必须修正今天。你们的集体辞职，表现了大无畏的、毫无自私自利之心的精神，你们将光照华为的历史！"这段讲话实际上是为接下来的管理变革做铺垫。

1996年1月，华为市场部出现集体辞职的情况。当时，以华为副总裁孙亚芳为首的华为市场部中高层干部带头提交辞呈，各个区域办事处主任以及办事处主任以上的干部也都主动提出了辞职。所有人在辞职时需要提交两份报告，一份是述职报告，另一份是辞职报告。述职报告中主要讲述个人接下来的工作计划以及期待的岗位，公司则会结合述职报告的内容与平时的工作表现，做出客观、合理的评价，决定该批准辞职报告还是批准述职报告。

一旦公司批准员工提交的辞职报告，就意味着员工的工作绩效不达标，或者公司认为该员工不适合在当前的岗位上。这个时候，提交报告的员工就必须离开原有岗位，降职处理，或者直接离开公司。

如果公司批准的是述职报告，就表明该员工的表现令公司很满意，业绩达到了公司制定的标准，而且公司对员工未来的工作规划非常看好。通常情况下，公司会安排他继续待在原工作岗位上，至于那些考核分数很高的员工，公司会将他们提拔到更高位置上。

市场部的集体辞职并不是真的要赶走那些业绩不达标的员工，这是一种"先辞职，再重新竞业"的方式。华为公司希望通过这样的方式重新甄选人才、任用人才。而经过考核，员工会重新与公司签订1—3年的劳动合同。至于大家关心的工龄、工号问题，任正非也相应地做了改革，那就是废除现行的工号制度，所有工号重新排序。这样一来，整个队伍集体归零，原先的等级不复存在，所有华为人公平竞争，不会受到过去论资排辈那一套体制的影响。

华为公司最大限度地保护了内部的公平，但这种类似于"大清洗"的方式还是引发了内部剧烈的反应。很多老干部从华为创立之初就跟着任正非，经历了风风雨雨，为华为的发展做出了重要的贡献，如今因为能力跟不上时代要求，就被华为淘汰出局，对他们来说无疑有些残忍。

可是任正非知道，当时的华为到了不得不做出改变的时候。如果继续放任老员工，让那些没有能力或者能力跟不上时代要求的老员工待在重要岗位上，不仅对那些努力奋斗，积极上进的新人不公平，也会影响华为的竞争力。在当时的情况下，"先辞职，再上岗"的做法已经是最合理、最仁慈的一种策略了。

为了安抚老干部的情绪，任正非在内部发表讲话："我们要求降职的干部，要调整好心态，正确地反思，在新的工作岗位上振作起来，不要自怨自艾，也不要牢骚满腹。在什么地方跌倒就在什么地方爬起来。特别是那些受委屈而降职的干部，无怨无悔地继续努力，以实际行动来证明自己，这些人是公司宝贵的财富，是将来继大业的可贵人才。组织也会犯错误，一时对一个人评价不公是存在的。"

任正非并不觉得降职就意味着公司抛弃了老员工、老干部，降职的员工一样可以通过再就业的方式证明自己，其中最典型的就是毛生江。在1996年的市场部集体大辞职运动中，毛生江是市场部的代总裁，在市场部是仅次于孙亚芳的二号人物，任正非对他寄予厚望。可是由于在大辞职运动的考核中成绩不理想，他辞掉了代总裁的职位，降职为终端事业部总经理，被派往山东办事处工作。职务下调让毛生江的心里很不是滋味，加上山东办事处的麻烦一大堆，不少同事都担心毛生江可能会因为受不了刺激而离开华为。但是在山东工作的日子里，他迅速调整心态，认真对待自己的新工作。

面对混乱的办事处，毛生江拿出了专业的态度，迅速制定了新方案，开始进行管理体系的整顿和改革。等到管理情况得到改善之后，毛生江积极开拓市场，并且以更高的标准要求自己。正因如此，在山东办事处工作的一年时间里，毛生江带领销售团队将销售额提升了50%，回款率则高达90%左右。出色的绩效赢得了公司总部的信任，所以在2000年初，他直接被调回总部担任执行副总裁一职。

毛生江并不是个例，实际上，有很多华为老员工都在辞职后走上新的工作岗位，在新岗位上发光发热。他们通过努力，证明了自己有能力在这家公司继续生存下去，为公司创造价值。更重要的是，经过这一次集体大辞职事件，华为公司重新整合了人才队伍，推动了人员结构的转型，一批更年轻、更有能力的人被提拔上来，为华为的发展提供了巨大的助力。这种公平竞争的模式开创了"干部能上能下"的先河，为华为管理制度走向规范化、标准化、系统化奠定了坚实的基础，也为华为未来超越众多竞争对手奠定了坚实的基础。

>> 第四章

杀出一条血路

1／中国品牌的崛起

　　1876年，美国发明家贝尔发明了电话，电话的出现极大地提升了通信效率，也直接改变了世界通信发展史。1900年，中国第一部电话在南京铺设完成。1904—1905年，俄国在烟台到牛庄之间架设了无线电，原始的信件传送方式受到冲击。不过由于国家经济落后，到1949年新中国成立之时，中国电话的普及率仅为0.05%，电话用户只有26万。

　　电话的安装往往离不开交换机，可在之后的几十年时间里，中国因为工业基础薄弱，始终没有自己研发的交换机技术，交换机技术一直被西方的通信巨头垄断。

在20世纪八九十年代，中国通信市场处于"七国八制"时期。"七国八制"指的是日本的NEC和富士通、美国的朗讯、法国的阿尔卡特、加拿大的北电、比利时的BTM、德国的西门子和瑞典的爱立信这八家公司生产的不同制式的机型。它们垄断了交换机技术，并在中国市场榨取高额利润，压制中国本土企业的发展。然而，在这些外商疯狂的打压下，还是有几家实力较为强大的中国企业，按照自己的发展思路逐步壮大起来，其中最具代表性的就是被称为"巨大中华"的四家中国企业，即巨龙通信、大唐电信、中兴通讯、华为公司。

巨龙通信全称是巨龙通信设备（集团）有限公司，它的诞生和著名的"04机"有关。1991年，被誉为"中国万门交换机之父"的通信业传奇人物——邬江兴带领研发团队成功研制出一款具有完全自主知识产权的万门数字程控交换机——HJD04-ISDN。同年11月，这款万门机通过邮电部鉴定，被称为"04机"。

04机的诞生比华为万门机更早，它填补了国产万门程控交换机的空白，并且在性能上一举超越了国际先进水平。当时国内外的科研人员做过调研，发现04机的忙时呼叫尝试性能，是德国西门子公司同类产品的3倍，创造了世界纪录。更加了不起的是，这个世界纪录保持了4年之久，在技术快速更迭的通信领域，这是很难做到的。正因为如此，国人都骄傲地称它为"中华争气机"。

04机性能强大、价格合理、操作便捷、维护简单，一经面世就受到各地电信局的欢迎。但由于授权分散，导致国内厂家内斗严重，生产厂家为了抢夺订单，疯狂杀价，对整个行业造成了很大的影响。而且大家相互缠斗，各自为战，造成了严重的内耗。为了改变这一局面，1995年，几家生产商联合起来，共同组建了巨龙通信设备（集团）有限公司，邬江兴担任董事长。

巨龙通信被寄予厚望，它也一度将产品卖到国外，挣到了千万美元的外汇。但由于整个企业本身是由多家企业临时组建的，各方利益始终难以协调，企业的管理制度和流程变革也是朝令夕改，这导致整个企业的发展显得非常混乱。而此后，04机因为技术问题出现了故障，严重打击了巨龙通信的品牌影响力，导致它渐渐被其他国内厂商赶超。

1999年，来自军队的技术团队离开巨龙通信，董事长邬江兴也回归解放军信息工程学院任职，巨龙通信从此一蹶不振。公司于是进行二次重组，但难挽颓势。2001年，巨龙通信慢慢消失在大众的视野中。

和巨龙通信一样，大唐电信也具有国有企业的背景。在20世纪八九十年代，邮电部一所和十所先后研发出多款DS系列的数字程控交换机，但这些机型并没有商用。随着04机的出现，邮电科学研究院开始考虑针对邮电部十所的DS系列产品进行商业化。就在这个时候，在美国创办了国际电话数据传输公司（ITTI）的物理系博士朱亚农也提出了百万门交换机的设计方案，正在寻求合适的合作伙伴。1993年，邮电科学研究院与朱亚农合作，合资成立了西安大唐电信有限公司，朱亚农担任总经理。公司成立之后，着手进行SP30数字程控交换机的研发。

朱亚农将硅谷先进的管理理念引入西安大唐，公司得以快速发展。1995年，SP30数字程控交换机研发成功。这款集成度更高、功耗更低的产品在市场上很受欢迎，加上邮电科学研究院的影响力，使得产品大卖。1997年，SP30的销售突破90万线，营收更是超过4亿元人民币。1998年，电信科学技术研究院（1993年，邮电科学研究院一分为三，这是其中一个部门）组建上市公司大唐电信。同年8月7日，大唐电信A股股票在上海交易所上网发行。9月21日，电信科学技术研究院联合13家单位，共同成立了大唐电信科技股份有限公司。之后，大唐电信进行改制，组建了大唐电信科技产业集团。2003年，原信息产业部划归国资委，直接管辖大唐电信科技产业集团，大唐电信成为央企。依靠得天独厚的优势，大唐电信在GSM（全球移动通信系统）领域进步明显。

1998年9月，其GSM产品率先完成生产定型并获得入网证。在2G时代，大唐电信仅用3年时间就成长为全国前十的企业，《福布斯》公布的全球最佳公司名单中，大唐电信榜上有名。事实上，大唐电信拥有自己的电信设备商标，这是其他国内厂商不具备的优势。

可是进入21世纪之后，随着移动通信和光通信技术的崛起，程控交换机市场迅速萎缩，大唐电信由于没有推出有竞争力的产品，逐渐没落。为了扭转颓势，大唐电信集中资源，投入TD-SCDMA的研发和推广，顺利将其打造成为中国移动的3G标准，这也是它最后的高光时刻。随着4G开始商用，大唐电信TD-SCDMA无奈退网，大唐电信不断下滑，最终失去市场竞争力。

相比前面两家公司，中兴通讯无疑是华为最强劲的对手，中兴通讯是侯为贵创办的企业，属于公私合营的企业，侯为贵作为私方，握有企业控制权。1981年，时任航天部副部长的钱学森，要求航天部设在西安的691厂跟进研究计算机芯片（半导体技术），时任691厂科长的侯为贵，被派去美国进行商业考察，并引进了相关技术。

1985年2月，侯为贵在深圳创办了中兴半导体有限公司，这家公司由航天691厂、香港运兴电子贸易公司、长城工业深圳分公司（后并入深圳广宇工业公司）共同出资，侯为贵担任总经理。一开始，中兴只做一些低端的电子产品加工业务和简单的贸易生意。随着外国交换机大举进入中国市场，侯为贵敏锐地意识到通信市场蕴藏的巨大商业能量，产生了自主研发交换机的想法。

1986年6月，中兴成立了研究院，开始研究小型电话机交换机。1987年，一款名为ZX-60的小容量模拟空分用户交换机诞生。1988年，邮电部明确进行体制和机构改革，"政企分开、邮电分营"成了主旋律。摩托罗拉、北电网络等国外通信企业于是纷纷下场，进入中国抢占通信市场，国内也诞生了一大批民族通信企业。意识到自身科研实力薄弱的侯为贵寻求与高校合作。1989年11月，通过与南京邮电学院的合作，中兴研发出500门用户数字程控交换机，名为ZX500。但是由于市场被上海贝尔的S1240数字程控交换机垄断，ZX500销量并不理想。痛定思痛的侯为贵制定了发展农话端局级的数字化战略方针，并很快研发出小容量数字局用交换机ZX500A。结果这款机型在市场上大放异彩，在1992年就突破了1亿元的销售额，成功打破了国外数字程控交换机垄断的局面。

之后，由于股东之间产生分歧，侯为贵带领核心成员离开，并成立了深圳市中兴维先通设备有限公司。1993年3月，中兴维先通与691厂、深圳广宇工业公司共同投资创建了中兴新通讯设备有限公司。虽然是国有企业控股，但侯为贵掌握企业经营控制权，成为一家国有民营企业，而这种模式为中兴的发展注入了新活力。

1993年10月，中兴成立了南京研究所，并于1995年3月研发出ZXJ10万门大容量数字局用交换机。1994年5月，中兴自主研发的2500门数字程控交换机ZXJ2000A，获得邮电部的入网许可证。

在数字交换机领域获得突破的中兴，开始谋求战略转型。1997年11月，中兴在深交所A股上市，至此更名为中兴通讯股份有限公司（中兴通讯）。1995年，中国政府与高通关于CDMA的合作谈判破裂，中国决定自主研发CDMA（码分多址，一种无线通信技术制式）技术。中兴通讯也锁定了CDMA。不过，侯为贵还是决定优先发展GSM，然后朝着CDMA发力，他敏锐地意识到这项技术可以商用，也可以用于国防建设。

2000年10月，中国联通宣布将采用CDMA标准，在GSM网络之外构建另一张独立网络。在第一期招标中,中兴通讯顺利获得了价值9亿元的合同,打破了外国企业对中国CDMA系统设备垄断的局面。之后,中兴通讯迅速发展,并将CDMA推向了国际市场。

中兴通讯在3G、4G时代的发展虽然也有坎坷,但总体上比较平稳,而这种平稳也是中兴通讯的一个缺点,沉稳有余而进取不足,企业过于重视现金流。相比之下,华为更喜欢接受挑战,更善于冲刺,也正是因为如此,华为能够后来者居上,超越中兴。

相比其他三家企业,华为的生存和发展难度最大。其他三家企业具有国有企业的身份,这使得它们一开始就具备一定的技术积累和生产能力,同时还能够上市融资。而华为早期却因为民营企业的身份和股权问题而无法上市,向银行借贷又很困难,只能自己想办法解决问题。在这种困难的局面下,华为人依靠着坚韧不拔的意志、艰苦奋斗的精神、不畏艰险的斗志,一步步成长为民族通信企业的领头羊。

2 / 农村包围城市

在华为发展的过程中，发达国家的通信巨头一直都是压在胸口上的大石。对于华为来说，想要获得发展，就必须先打败那些强大的垄断者。

作为后起之秀，华为在技术、渠道、经验、资金方面都严重落后于对方，想要找到破局的方法，就必须在强敌环伺的生存环境中找到突围的点，而这个点就是外商影响力相对薄弱的农村市场。在这场突围战役中，任正非巧妙地运用了"农村包围城市"的策略，不断削弱外商的势力范围，拓展自己的影响力。

首要竞争对手就是上海贝尔公司。上海贝尔是一家合资企业，成立于1984年，由中国邮电工业总公司、比利时皇家基金和比利时贝尔三方共同协办创办。其中的比利时贝尔是美国AT&T企业（前身是西南贝尔公司）在欧洲的实验室，主要负责开发程控交换机。作为国际市场上率先研究交换机的企业，比利时贝尔积累了丰富的技术和经验。

上海贝尔拥有得天独厚的条件，当时的江浙沪等富裕地区，数字局用交换机市场是上海贝尔公司的天下。作为中国高科技领域的第一家外商投资股份制有限公司，公司的产品价格昂贵，但质量很好。1984年，安徽省合肥市通过讨论决定引进长途交换机，并选中了上海贝尔研发的S1240数字化交换机。为了迎合客户的需求，上海贝尔特意改进了技术，为第一个中国客户设计了适合的产品。在这之后，上海贝尔公司名声大噪，深受国内市场的认同和欢迎，哪怕价格比其他厂家高不少，各地电信局还是愿意买贝尔公司的产品。在20世纪90年代初期，邮电部甚至下达"国内长途必须使用S1240设备"的命令，上海贝尔的交换机依靠着成熟的技术，很快占据了优势地位，并在短短三年时间内占领了50%的中国市场。那段时间，上海贝尔公司的门口每天都停满了大量前来取货的卡车，一些卡车有时候为了等到货物，甚至需要耗费半年的时间等待。

面对这样强大的对手，已经研发出万门机的华为如果正面对抗的话，几乎毫无胜算，唯一的办法就是进入广大的农村市场，那里是跨国巨头影响较弱的地区。那个时候，华为在江浙地区主要是打游击战，更多的是在西南、西北、东北等经济欠发达地区扩充势力范围，拓展市场。

用华为人的话来说，"只要是上海贝尔不爱去的地方，华为全部都要去"。相比城市地区，农村市场更看重物美价廉的产品，只要华为能够提供技术有保障，且产品价格更低的产品，就可以在农村市场抢占更大的市场份额。

任正非会给员工寄去华为产品宣传册，当时红色册子上就印着一句鲜明的口号：到农村去，到农村去，广阔天地，大有作为。

1998年，华为选择将四川市场作为突破点。尽管当时的上海贝尔公司在这里占领了将近90%的市场，但上海贝尔公司的高价格也让客户感到头疼。此时华为公司直接采用了免费接入网络的策略，一下子就为客户节省了一大笔钱，而这个策略直接吸引了一大批客户。华为得以在四川大部分地区快速布设大量网点，并顺势将自己的接入网扩展到程控交换机上，从而快速占领了70%的市场。当上海贝尔公司发现华为的计划后，形势已经不可逆转，华为在悄然之间就完成了四川省内交换机品牌的更替。在那之后，华为如法炮制，以农村包围城市的策略，逐步向富裕地区渗透，也正是在这一年，华为的全国销售额突破了100亿，就此甩开了上海贝尔。

击败上海贝尔公司之后，华为将目光锁定在那些外商身上，加拿大北电网络就是华为关注的重点对手。加拿大北电网络是一家世界著名的电信供应商，它的光纤技术、无线技术和语音技术在整个国际市场上都具备优势。与上海贝尔公司不同，北电网络在开拓城市市场的同时，也非常重视农村市场的开发。从某种意义上来说，北电对华为的威胁更大，因为两家公司的业务重合度实在太高了，华为必须谨慎对待。

不过，在双方交锋之前，华为对这个强大的对手先做了全面的调查，发现北电网络犯了一个巨大的错误，那就是一味开拓市场而导致战线拉得太长，很多服务配套设施跟不上。产品和设备出现问题后，公司安排的加拿大技术专家难以在第一时间赶来解决，这是北电的一个非常大的漏洞。既然北电网络的服务效率低下，那么华为就专打服务牌，通过更具效率、更加贴心的服务来满足客户的需求。按照这个思路，华为很快就建立起一套成熟的客户反应机制。不久之后，华为利用随叫随到的服务模式，短时间内占据了不少市场。

感知到危机的北电网络立即做出了调整。从2006年开始，它先后在北京、广州、上海设立研发中心，执行本地化发展战略，可这样的决策来得太晚了一些。在几年时间里，华为就迅速扩张，北电网络这棵曾经的大树再也没有足够的生存空间。2008年，全球金融危机爆发，在国内市场一蹶不振的北电网络开始进入休眠状态。2009年，北电网络正式将自己的通信业务出售给了诺基亚西门子公司，就此退出中国市场。

在华为与北电网络竞争的同时，另外一家外国企业朗讯也是华为需要超越的对象。朗讯是从美国国际电话电报公司（AT&T）中分离出来的，成立于1885年的AT&T公司曾是美国市场的巨无霸。1984年，AT&T公司因为涉嫌垄断，应要求对公司进行拆分。到了1995年，在内力和外力的共同作用下，公司再次进行拆分，朗讯就是在这一次拆分中诞生的。独立出来的朗讯继承了AT&T的交换机技术，并且在研发方面表现得更加专注。

1996年，朗讯公司在青岛建立了程控交换机生产基地，公司的业务面向整个中国市场乃至亚太市场。为此，它与国内多家电信局结为战略伙伴，为它们提供先进的技术和设备，并在短短一个月之内与全国三十几家运营商签订上亿美元的合同。山东地区是华为公司非常看重的市场，而朗讯在青岛的布局让任正非如坐针毡。

不久之后，任正非派人前往山东调研，并迅速在济南、烟台、青岛设立了办事处。目的就是对朗讯的青岛基地形成三角夹击之势，确保可以及时了解对手的动态信息。不仅如此，华为开始对朗讯的产品进行围剿。2000年，中国银行总行准备建立全国性的呼叫中心，并购买大量通信设备。朗讯公司对此信心满满，因为当时承办这项业务的是美国的IBM公司，而朗讯与IBM有着密切的合作关系。为了击败朗讯，华为公司直接绕过IBM，派人与中国银行总行的行长进行业务谈判，最终说服了对方，就这样，华为第一次从朗讯手里抢下了一个大单。

华为知道，仅仅依靠这一个订单，是无法真正打败这个强大的对手的，于是华为拿出了自己真正的撒手锏，那就是低价营销策略。

那个时候，朗讯的程控交换机基本上维持在每线300美元的价位上，而华为就直接将价格压到每线80美元。每一个有朗讯参加的招标会，华为都会积极参加，目的就是通过低价抢生意。

虽然过低的价格让华为内部产生怀疑，但是负责业务的邓涛却力排众议。他认为朗讯每年投入重金研发高端技术，这种技术优势是华为在短期内无法追上的。而大量资金的投入导致朗讯的产品价格居高不下，这正好是华为可以利用的要点。如果华为不降低价格，就无法真正拖垮对方。

在那之后，华为在全国各地推广低价策略，全面围剿朗讯。2000年，华为的销售额突破220亿元，其中山东地区的销售额达到22亿元。朗讯却陷入了困境。2006年，朗讯公司被法国阿尔卡特公司收购合并，彻底失去了与华为竞争的机会。

在"七国八制"的复杂形势下，华为公司依靠卓越的战略眼光，积极发展自己的技术，打造自己的产品和品牌，再结合"农村包围城市"的战略布局以及低价竞争的战术，最终逆转了形势，击败了一个又一个强大的对手。

3/ 华为与中兴的缠斗

华为和中兴都是国内最好的通信企业之一，都为我国的通信事业发展做出了巨大的贡献。而随着两家的成长，双方不可避免地产生了业务冲突。双方最开始的冲突集中在接入网市场上，1995年之前，国内的接入网市场被中兴和UT斯达康两家企业牢牢把控。依据技术上的优势，中兴的售价为每线1200元，UT斯达康的价格则达到每线1800元。

巨大的利润让华为公司产生了兴趣，为了不错过这块大蛋糕，华为公司集中资源在接入网上发力，最终推出了新型产品以太网。以太网性能强大，但这并不足以帮助华为从中兴和UT斯达康手里抢夺市场。为此，华为直接实施低价策略，将以太网以每线600元的价格推向市场。以太网进入市场后，迅速赢得了市场的欢迎，华为趁机抢占了70%的市场。

华为进入接入网市场之后，中兴的订单快速下降，这引起了中兴的不满。不少中兴人认为华为公司是故意在市场上针对中兴，使用一些不当行为获利。不过这个时候，中兴并没有与华为翻脸，双方在市场上仍旧相安无事。时间来到1998年，某一次，华为和中兴一同参加湖南、河南的交换机投标会，为了抢占先机，华为在投标会上直接与中兴的产品做了对比，并将自己产品的优势罗列出来，制成一份详细的表格分发给用户。中兴的代表在得知相关情况后，认为华为在故意针对和抹黑自己，于是立即决定制作一份对比华为公司后罗列自身优势的表格，事后，中兴顺利中标。

任正非认为华为制定的用于对比中兴的表格并不存在抹黑行为，而中兴所列出的表格中存在很多不实之处，于是华为对中兴发起了诉讼。中兴认为华为挑衅在先，于是反过来也将华为告上法庭，双方在河南和长沙共发起四场诉讼，互有胜诉。严格来说，双方的商业行为并不算过分，也没有谁对谁错之分，之所以会引发激烈的诉讼，是矛盾叠加和累积的结果。在国内市场，华为和中兴的业务重合度太高，面对国内通信市场这块大蛋糕，谁也不舍得让步，双方迟早都会爆发激烈的冲突。

诉讼之后，双方矛盾彻底激化，但是华为却依靠这一次的事件进一步打响了知名度，而且华为巧妙地利用了诉讼大战，在发起诉讼的时候高举"品牌维护战"，率先占据了舆论的制高点。在那之后，双方偶有一些小摩擦，但还算克制，于是华为和中兴都不再满足国内市场，开始积极向国际市场扩张。

可是随着双方在国际市场上的扩张，争夺战再次打响。双方有好几次同时参加海外竞标活动，在竞标会上，华为和中兴仍旧互不相让，每次都要相互较劲。当时，双方在亚洲市场、非洲市场的交锋非常激烈。很多人对华为和中兴的相互缠斗表达了不满，认为中国企业应该好好合作，共同发展。其实有这种想法的人完全没有站在企业发展的角度看问题，对企业来说，盈利始终是最直接的目标，而击败竞争对手是获取市场和利润的必经之路。更何况，任正非和华为一直都具备强烈的竞争意识，对他们来说，有竞争是好事，可以促进公司快速发展，变得更加强大。整个华为公司也推崇狼性文化，主动出击。保持强烈的竞争意识，是任正非对每一个华为人的要求。

从这个方面来说，华为与中兴的竞争，更像是不同企业经营理念的碰撞。侯为贵沉稳保守，为人随和；任正非则更为严肃、激进，具有典型的西方式经营思维。两个人造就的不同企业文化，在商场上免不了会产生冲突和碰撞，而这种碰撞并不一定就是坏事。

相比侯为贵的中兴，任正非带领的华为更适合在风云诡谲的国际市场扩张，而且任正非不会放弃任何击败对手的机会。在双方发生冲突时，华为从来没有后退一步，始终以强大的气势发起攻击。从华为的角度来看，拼尽全力去挑战和竞争，这恰恰是对竞争对手最大的尊重，也是对华为所坚守的商道最大的尊重。

正因为如此，华为和中兴的竞争从来不曾停止过，两家公司从龙岗竞争到南山，从深圳竞争到北京，从北京竞争到亚洲，从亚洲竞争到非洲，从非洲竞争到欧洲，打来打去，最后又回到国内市场相互竞争。

2008年，整个电信设备行业发展速度放缓，竞争变得越来越激烈。此时的任正非感知到行业已经进入洗牌期，为了赢得生存之战，各大企业之间必定会爆发惨烈的商战，而90%的厂商可能会在这一轮寒冬里倒闭。

这一年，中国电信CDMA公开招标大会在北京小汤山假日会议中心举办，当时参与竞标的企业分别是华为、中兴、摩托罗拉、阿尔卡特朗讯、北电、三星。一开始阿尔卡特朗讯的报价是140亿元，而中兴压价到70亿元，正当大家倒吸一口凉气的时候，华为的代表起身竞价：6.9亿元。这么低的报价震惊了整个会场，其他企业纷纷指责华为搞恶意竞争，毕竟当时3G很快就要商用。中国电信希望尽早完成招标，而中国移动和中国联通也都在筹备招标大会，所有的设备商都在想着如何瓜分大蛋糕，保证利益最大化，此时华为站出来掀了桌子。

对于华为来说，在行业洗牌期能不能挣钱并不是最重要的，最重要的是排挤掉更多的竞争对手，给自己创造更大的生存空间才是关键。

很显然，其他公司并没有认真想过这一点。所以到了2013年，中国电信4G首次招标时，参与2008年3G招标的6家企业中，有一半已经消失了，而华为和中兴联手拿下了60%的份额。尽管中兴始终将华为视作"死对头"，但正是因为拥有这样"死拼到底"的竞争对手，中兴才可以在快速更迭的通信领域做大做强，在一轮轮的行业大洗牌中生存下来，并且越来越好。

随着通信行业格局的基本确立，在度过行业洗牌期后，华为和中兴的竞争又趋于缓和。但对于华为来说，战斗还在继续，只要存在市场竞争和利益冲突，华为就会毫不犹豫地发起攻击，为自己开拓一条更宽的发展道路。

4 / 华为与港湾的恩怨情仇

在华为的竞争对手中，有一个非常特别的存在，它就是港湾。

港湾和华为所面对的西方通信公司不同，与中兴、大唐电信这类民族通信企业也不一样，在某种程度上，港湾具有一定的华为血统，而造成这一切的关键人物就是那个曾经让任正非非常看好的天才李一男。

2000年底，李一男带着从华为拿到的1000万元设备北上，创立了北京港湾网络有限公司。为了支持李一男的事业，爱才惜才的任正非在深圳召开总监级以上的高层会议，要求所有人支持李一男创立港湾，此后，港湾成为华为企业网产品高级分销商之一。李一男希望通过代理华为的产品，建立一个华为的下属根据地，这样就可以利用华为的影响力将生意做大做强。更重要的是，他当时已经发现了华为存在的弱点，那就是数据通信业务薄弱。

那个时候，中国电信产业进入寒冬，华为也面临着销售额下降的危机，依靠着强大的现金流，华为还能勉强支撑下去。而港湾网络公司没有充足的现金流，也没有出色的技术和产品，无法依靠代理存活下去，这个时候，港湾开始产生自立门户的想法。

想要自立门户，打造自己的品牌，就需要拥有自己的技术和产品。这个时候，李一男决定集中资源投入数据通信业务，而正是这个决策让港湾快速发展起来。为了推动数据通信技术的发展，李一男拿出了当初在华为时期的工作作风，一口气将港湾15%的收入用于研发新产品，而研发人数更是占到了公司总人数的一半，这种激进的手段比起华为公司是有过之而无不及。

孤注一掷的李一男很快就实现了技术突破。此时国内网络通信市场不断发展，把握机会的港湾迅速在市场上建立起领先优势，港湾的研发人员甚至放话，港湾在宽带网络中的主流产品技术领先竞争对手1年到1年半的时间。占据市场领先地位的港湾很快就赢得了市场和资本的青睐，成为通信行业新贵。

有人曾经让任正非点评李一男的事业，任正非非常客观地称赞了李一男的能力，认为他刚刚自主创业就取得这样的成就，是常人根本无法做到的。但是他以过来人的身份，给了李一男一些中肯的建议：过多的外来投资并不是一件好事，一方面会影响公司的决策，另一方面可能会窃取公司的技术和其他无形的财富。

没想到，港湾接下来的操作让整个华为如坐针毡。在数据通信领域做大做强的港湾不甘心只在一个狭窄的领域发展，李一男志在通信领域与众多大公司争夺市场。而为了实现这个目标，他直接明目张胆地对华为发起进攻，不仅抢夺市场，还直接抢夺人才。考虑到当初李一男在华为公司内的声望，许多华为人都愿意跟着他创业，再加上李一男许诺给大家丰厚的报酬以及充满诱惑力的期权，最终有近百名数据产品线的科研人员从华为跳槽到港湾。

如果说港湾的壮大和抢夺市场行为还只是一种正常的商业

行为，那么抢夺人才就是挑衅和宣战了，这是华为绝对不能容忍的。虽然任正非非常看好李一男，也对当年的误会感到愧疚，但是当他意识到自己全力扶持的人反咬自己一口时，是无论如何也不会坐以待毙的。

在这之后，华为开始强化内部管理，想尽一切办法避免被港湾挖墙脚。可李一男想到了一个更"隐蔽"的方法：高价收买华为内部员工，让对方充当自己的间谍。这一招起到了很好的效果。

当时港湾看重某个研究项目，为了防止华为公司也进入相关领域同自己竞争，就让间谍利用职权回避相关的研究项目。甚至还让间谍利用华为的资源进行通信产业的研发，私底下与港湾成立合资企业，然后港湾通过商业运作将研发好的产品和相关的技术据为己有。

这种不道德的商业行为被曝光后，港湾很快成为舆论声讨的对象。但令人意外的是，骂港湾的人越多，港湾的发展反而越好，很多投资者和厂家乐于见到华为利益受损，都为港湾助威，甚至直接与之进行商业合作。

公司的营业额在2003年竟然突破了10亿元，尽管这个收入和那些大公司相比微不足道，可是要知道，这是一家成立不到两年的公司，能够在如此短的时间内获得这样的成就，足以证明港湾的强大。深谙狼性文化的华为不可能放任这样一个潜力股来威胁自己的市场，更不必说对方还不断挑衅自己。

2002年，华为内部果断成立"打港办"，专门针对港湾的商业行动进行打击。任正非当时对打港办提出了两个基本要求：凡是港湾参与的竞标项目，无论价格压得多低都要拿下来，否则负责人辞职走人；华为必须想尽办法阻止港湾上市。

在竞标环节打压对手，可以有效减少对方的业务，阻止对方的市场扩张，不给对方成长的空间。在这方面，华为有着丰富的经验。不过，此前华为在使用低价策略时，更多的是处于劣势地位，或者面对的是一些势均力敌的对手，而这一次，华为的对手只是一个初出茅庐的市场新贵。

在这之后，双方的矛盾彻底被激化，在市场和人才领域的争夺直接进入白热化阶段。为了压制对手，华为很好地利用了自己体量上的优势，依靠技术、资源、社会关系、经验、资金等优势处处针对港湾。凡是港湾出现的项目，无论订单的大小，华为必定会出手截和，华为会开出比港湾更低的价格，甚至通过直接赠送拉拢客户。这一招非常有效，一时间，港湾的订单数量快速减少。

华为不仅阻止港湾接触新客户，还开始挖港湾的老客户。当时，任正非做了指示，华为的销售员可以找到那些使用港湾产品的用户，以高价回购对方的产品，然后以买一送一的优惠条件吸引对方购买华为的产品。这种不计成本的方式对华为来说，带来了一笔巨大的开支，但华为就是希望通过这种釜底抽薪的方式，彻底断绝港湾的发展之路。

港湾在数据通信领域的优势还是比较明显的，只要技术团队还在，那么肯定会有很多投资者、合作商以及客户愿意同它进行合作。想要进一步打击港湾，最好的办法就是出手破坏港湾的研发团队。为此，华为采取了以其人之道，还治其人之身的方法，高价挖走了港湾的整个研发部门。

经过一整套组合拳，港湾已经失去了一战之力，被华为打压得喘不过气。而资本都是逐利的，当港湾的业务受到影响，市场大幅度萎缩时，内部的分歧和矛盾开始激化，港湾陷入了前所未有的困境。华为并没有放松自己的反击行动，继续全方位打击港湾，还在内部发动了间谍大清洗的行动，一举清除了内部的"蛀虫"。

退无可退的李一男决定放手一搏，首先他依靠强大的人脉关系和港湾的技术优势，找到了几个强大的投资者做后盾，开始谋求上市。在他看来，只要港湾顺利上市，那么就可以源源不断地吸纳社会资金，从而有更大的底气与华为竞争。考虑到华为的攻势不减，港湾不知道还能坚持多长时间，因此李一男在准备不充分的情况下决定冒险提前上市，但是在上市前的审核与评估阶段，美国证监会突然收到一封匿名邮件，邮件中提到了港湾财务数据造假的事实，这导致美国证监会的审核最终没有通过，港湾最后的挣扎彻底失败。

眼看上市无望，市场对港湾彻底失去了信心，接着，华为发起了最后的猛烈一击。2005年9月2日，华为公司给港湾网络法务部发送了一封律师函，华为对港湾网络侵犯知识产权的行为提起诉讼。走投无路的李一男打算卖掉港湾网络公司，但是考虑到港湾面临的官司，愿意收购港湾的企业少之又少。

2005年12月23日，西门子与港湾网络正式签订了收购协议，西门子以1.1亿美元的价格收购港湾面向运营商市场的Power Hammer、ESR Hammer和Big Hammer这三个系列的宽带高端产品，相关的技术、专利以及100余名技术人员全部都在出售范围之内。可是由于西门子与华为公司有着更全面的合作，为了不影响彼此的合作关系，西门子后来单方面取消了这一次收购协议。

就在李一男陷入绝望之际，惜才的任正非不忍心亲手毁掉这位天才，于是向他抛出了橄榄枝，希望李一男带领团队回归华为，继续担任副总裁一职。可是回归后的李一男很难再像过去一样工作了，此前的纷争影响到他与华为人的关系，许多人对他的背叛行为感到不满。任正非也担心李一男等人存有心结，于是和李一男的团队进行了一次坦诚的对话，任正非建议大家不要停留在过去，不要有心理包袱，应该面向未来，共同发展，共同进步。不仅如此，任正非也首次向李一男及其团队道歉，他承认自己为了让华为活下去，所做出的反击措施有些过火，伤害到了很多人。

这一次的谈话是一个好的开始，但是李一男最终还是在两年之后（2008年）离开了华为，华为与港湾，任正非与李一男的恩恩怨怨就此全部终结。

而在回顾和总结双方的竞争时，任正非并没有感到骄傲与自豪，也没有胜利者的喜悦，更多时候，他感受到的是一种悲凉以及强烈的危机感。他曾经以"港湾获得了惨败，华为获得了惨胜"的话来总结双方的恩怨，华为在与港湾的缠斗中，付出了巨大的代价，而且还一度导致队伍分裂，可以说得到了一次惨痛的教训。

在内部讲话中，他不止一次地强调，坚固的堡垒往往是从内部被人攻破的。而那个时候的华为内部弥漫着一股不好的风气，在外部势力与风险投资的推动下，不少员工开始将公司的机密文件高价出售给其他企业，这给华为带来了巨大的损失，也提高了生存的风险，让任正非焦虑不已。他深刻地意识到华为必须打造更完善的管理体系，避免李一男出走事件以及挖墙脚事件重演。

>> 第五章

破局：华为的国际化之路

1 / 以香港为跳板

1994年10月25日，华为参加了第一届北京国际通信展，作为展会上唯一一家中国通信设备制造商，任正非非常自豪地说道："10年以后，电信设备市场将三分天下，西门子、阿尔卡特和华为。"

当时很多人都认为任正非一定是疯了，华为当时虽然小有成就，但还不足以和国外那些通信巨头相媲美。无论是技术经验、发展规模还是市场份额，华为都不占优势，他们不知道为什么任正非会那么自信。事实上，任正非这样的豪言壮语不仅来源于对行业发展趋势的判断，还在于对自身未来发展的精准规划。从那个时候开始，华为已经不再满足于国内市场，它开始眺望远方，盯上了国际市场这个大蛋糕。

1995年，国内交换机市场迎来了大爆发，很多厂商都推出了自己的新产品，希望可以在良好的形势下获得更大的市场份额，华为内部也有不少人乐观地表示华为将会占领更多的市场，提升品牌影响力。在一片叫好声中，任正非却陷入了沉思，他自然知道接下来的一两年时间，华为可能会进入一个高速发展的阶段，但高速发展之后呢？国内市场一旦饱和，华为又将何去何从呢？

任正非思考了很久，找到了答案，那就是提早布局，争取早日进军国际市场。当他在内部会议上提出自己的想法时，遭到了很多高层领导的反对，他们并不反对华为走国际化路线，但华为的国际化扩张之路不是现在，也许需要10年时间，甚至更久。他们觉得当时的华为还不具备在国际市场上与外商竞争的实力，无论是技术、人才，还是经验、渠道，都不足以适应国际竞争。如果盲目求快，可能会适得其反，在外商的打压和围剿下一败涂地，甚至影响到本土扩张的战略。

任正非承认华为自身存在的诸多不足之处，但他也谈到了自己对华为出海的看法："我们的游击作风还未褪尽，而国际化的管理风格尚未建立，员工的职业化水平还很低，我们还完全不具备在国际市场上驰骋的能力，我们的帆船一驶出大洋，就发现了问题……我们总不能等待没有问题才去进攻，而是要在海外市场的搏击中，熟悉市场、赢得市场，培养和造就干部队伍。若三至五年之内建立不了国际化的队伍，那么中国市场一旦饱和，我们将坐以待毙。"

不得不说，任正非的目光具有前瞻性，华为想要做大做强，就应该尽快出去接受历练，而不是想着让自己足够强大了再出去拼搏，因为市场并不会给予华为太多的时间去成长，也不会留给华为太多的机会去尝试。

1996年，华为的"市场部集体大辞职"事件帮助华为完成了蜕变，再次充满活力的华为展示出了更加强大的竞争意识，感到时机成熟的任正非开始谋划进军海外市场。不久之后，他任命山东办事处主任李利为海外市场部总监，为接下来的出海事宜做好准备。这个时候传来了一个好消息：为了进一步发展经济，与其他国家开展贸易，国家鼓励本土企业走出国门，参与国际竞争，并为进军国际市场的民族企业提供更多的帮助。有了政策上的支持，任正非再也按捺不住内心的激动，直接喊出"跟着国家的外交路线拓展国际市场"的口号。

不过，为了保险起见，华为还是决定先从香港市场开始，毕竟香港是当时国内唯一与国际接轨的城市。香港有很多外国企业，加上1997年香港即将回归的时代背景，任正非意识到香港市场是一个可以帮助华为适应国际竞争的理想环境，而且华为也可以很好地把握香港回归带来的巨大商机。

但想要进入香港市场并站稳脚跟，并不是容易的事。首先，香港的通信行业竞争激烈，此前内地的大部分交换机就是从香港发货的，外来企业想要在香港市场立足，需要具备强大的实力。其次，香港的通信行业发展速度虽然很快，但基本上被香港电讯与和记电讯垄断。虽然香港政府为了避免垄断企业对市场产生破坏，欢迎更多的企业进入电信产业，但对于那些没有实力和背景的小企业来说，根本无法获得生存的机会。

幸运的是，华为很快等到了属于自己的机会。彼时的香港首富李嘉诚与和记电讯共同合作，拍下了三张运营牌照，希望借此机会挑战香港电讯的垄断地位。但任何进入香港电信产业的企业都必须获得经营许可证，而想要获得这个许可证，难度非常大。首先，企业必须斥巨资构建一个综合性商业网，并且保证整个商业网能够覆盖互联网、数据通信和接入业务，质量也要达到国际先进水平。更重要的是，整个工程必须在3个月内完成。之后，香港电信局会进行验收，发放经营许可证。

和记电讯对经营许可证志在必得，但是和记电讯面临的最大问题是时间不够。当时和记电讯找到了实力雄厚的西门子和阿尔卡特，但是这两家公司强调需要花费6个月时间来构建商业网。不仅如此，在得知和记电讯时间紧迫时，两家公司都坐地起价，对客户狮子大开口，这让和记电讯难以接受。就在和记电讯陷入困境的时候，有客户向和记电讯推荐了华为公司，认为华为的办事效率很高，或许有能力按期完成整个项目。和记电讯对华为不了解，而且得知对方10年前还是一个代理商，不由得担心华为的技术水平。

不想错过机会的和记电讯最终决定在华为身上赌一把，于是将订单交给华为。这笔订单是华为进入香港市场的第一单，也是华为自创办以来最大的一笔订单，整个华为公司都非常重视。为了确保项目实施万无一失，华为公司将当时最好的人才、技术调往香港，当时还没离开华为公司的李一男担任工程的技术负责人，而相关的工作人员也是华为内部最出色的工程师。

这个临时组建的团队在3个月内加班加点赶工，如期交付项目。虽然项目在测试时出现了一些小问题，但工程师们很快就将问题解决，给了客户满意的答复。验收完项目之后，和记电讯高度赞赏了华为的办事效率、办事能力和技术水平。

　　这里还有一个小插曲，当时为了尽快完成项目，华为将在内地工作时的那一套管理体制和奋斗精神照搬到香港，大家吃住都在办公室里解决，以至于办公室里总是乱糟糟的，这让前来视察工作进度的和记电讯员工感到困惑。在他们眼中，一家优秀的公司应该是严谨的、有组织的、有纪律的，大家都要恪守职责，不会在工作中嘻嘻哈哈打闹，更不会戴着耳机边听歌边工作。

　　和记电讯的员工甚至怀疑这样"不守规矩"的团队是否可以完成项目，但看起来还不够规范的华为研发团队居然在3个月内顺利交付了项目，这令他们感到不可思议，也让他们对华为的态度有了改观。

　　项目完成之后，华为迅速在香港市场获得了知名度。很多企业慕名前来寻求合作，这对华为来说是非常好的机会，完全可以通过合作迅速拓展市场。不过，向来主张快速行动的任正非这一次却显得非常冷静，他知道这里的市场环境与内地不同，因此并不急于让华为广撒网，而是认真了解每一个潜在的合作者与客户，选择那些真正契合华为的合作伙伴。正因如此，华为在香港市场的每一步都走得非常稳健，华为的品牌影响力逐步扩散，在进军国际市场的道路上迈出了坚实的一步。

2/ 进军俄罗斯

　　在香港站稳脚跟后，华为有了更大的信心直接进军国际市场。不过考虑到当时的国际环境以及华为自身的实力，华为还无法在国际市场上与那些国际通信巨头正面对抗。毕竟这些巨头企业在国际市场深耕多年，几乎全方位压制华为。华为想要在国际市场上有所作为，一定要讲究策略，不能鲁莽地硬碰硬，要想办法利用自己的优势，同时将"农村包围城市"那一套理念运用到国际市场上，先在国际通信巨头影响力较小的市场上发力。

正如任正非所说："当我们走出国门拓展国际市场时，放眼一望，所能看得到的良田沃土，早已被西方公司抢占一空。只有在那些偏远、动乱、自然环境恶劣的地区，他们动作稍慢，投入稍小，我们才有一线机会。"在竞争激烈的国际市场，华为只能选择在夹缝中生存的策略，在不发达甚至落后地区发展自己的市场，为自己争取一些生存空间。

按照任正非的战略思维，华为可选择的地方有很多，比如非洲地区、拉美地区、亚洲欠发达地区等。国际通信巨头并不那么重视这些地方，他们不会将这些地方作为主战场，而这有利于华为慢慢发展。不过，任正非并没有选择非洲、拉美和亚洲，而是出人意料地选择了俄罗斯。

1996年5月，俄罗斯举办了"第八届莫斯科国际通信展"，这一次有很多中国企业参加了通信展，而华为自然不能放过这样的机会。

为了凸显出两国经贸合作的成果，俄罗斯的媒体都在争相报道华为参加通信展的事，俄罗斯邮电部的部长甚至特意来参观华为的展台，可以说做了一次很好的宣传。就在大家觉得华为将会顺利获得入网许可证时，俄罗斯方面却直接拒绝了华为的申请，摆明了要将华为拒之门外。

至于原因，还要从中国企业的国际化扩张说起。

20世纪90年代，很多中国企业进入国际市场。为了占领更多的国际市场，一些实力不过关的企业采取了低价促销的方式。但问题随之产生，由于过分扩张而不注重质量管理，导致很多中国商品质量低劣，渐渐被国际市场抛弃。而这引发了更为严重的问题，即很多人对中国生产的商品产生了不良的印象。苏联解体后，俄罗斯人的生活水平并不高，廉价的中国商品成了他们的重要选项，可是这些商品并没有达到预期的价值，质量也难以令人满意。

另外，俄罗斯算是欧洲国家，受欧洲文化的影响很大。当时的中国高速发展，中国商品开始在全球范围内扩张，这影响到了西方企业的发展。为了抹黑中国，不少西方媒体大肆宣传中国产品质量不过关，俄罗斯民众不可避免地受到了影响，对中国企业和中国商品印象不佳。

话虽如此，俄罗斯方面的做法还是让华为感到吃惊和愤怒，最后只好找大使馆出面调解，而对方也不希望这件事情影响到两国后续的合作，于是答应给华为一次机会。不过，俄罗斯方面提出了要求，那就是华为必须转让技术，然后与俄罗斯的第二大交换机生产商贝托合作，双方共同成立"贝托-华为"公司，生产符合俄罗斯市场需求的产品。为了把握住进入俄罗斯市场的机会，华为答应了对方的诸多条件。

虽然，华为拿到了俄罗斯市场的入场券，但这并不等于华为就可以在俄罗斯市场获得发展机会，一方面是因为俄罗斯一直对中国企业抱有成见，另一方面则是因为俄罗斯的通信市场基本上被国际通信巨头垄断，如阿尔卡特和西门子。华为想要从他们手中抢夺有限的市场，难度很大。

这个时候，很多人劝任正非离开俄罗斯，另寻他处，但任正非还是决定坚守，他愿意继续在俄罗斯市场寻找机会。1997年，亚洲金融危机爆发，俄罗斯不可避免地受到了波及，原本就脆弱的经济体系受到严重冲击。此前，长期处于经济低迷期的俄罗斯一直采用"休克疗法"，政府放弃了扩张性经济政策，转而紧缩货币和财政，主动放开物价，实行自由贸易，同时加快私有化步伐，充分发挥市场机制的作用。然而，"休克疗法"并没有取得好的效果，经济变得更加糟糕。亚洲金融危机的爆发等于往俄罗斯的伤口上又捅了一刀，整个国家经济陷入困境。

原本就对俄罗斯市场不太看好的国际通信巨头眼看没有多少利润可图，直接放弃了俄罗斯市场。在它们看来，俄罗斯人口众多，占地面积大，但通信普及率极低，经济相对落后，根本没有太大的开发前景。但华为认为：俄罗斯人口众多，意味着需求量大；占地面积大，通信普及率低，意味着发展潜力很大。随着阿尔卡特、西门子等大企业抛弃俄罗斯，华为迎来了发展机会。1998年，迟迟没有进展的贝托-华为正式成立，主要负责生产数字程控交换机和其他设备。

合资公司虽然成立了，但市场却异常冷清。为了尽快打开局面，华为的营销员四处拜访，希望可以获得订单，他们努力说服用户购买和使用自己的产品，但是收效甚微，根本没有人愿意给华为一个展示自己的机会。华为不放过任何一次招标会，每次都会悄悄送去标书，但每一次都是石沉大海，因为客户连见面的机会也不肯给。即便如此，大家还是不愿意放弃，因为大家并不奢求能够中标，只是希望客户能够认真读一下华为的标书，了解一下华为的产品。这样可能让对方对华为留下印象。

这种卑微的做法让很多华为人感到沮丧，他们甚至怀疑当初到俄罗斯市场来拓展业务是不是一个正确的决定。为了避免身处俄罗斯的员工出现信心上的动摇，任正非不断鼓励他们，希望他们可以继续坚守和等待。结果这一等就是6年，在这6年时间里，大家只把握住了一个机会。有一次，一家著名通信设备商的设备在运行过程中出现了较为严重的错误，俄罗斯国家电信局非常生气，直接否决了对方的技术方案，这家通信设备商原本就没有多少合作的意愿，于是趁着这个机会直接放弃了合作。就在这个时候，得知消息的华为立即联系了俄罗斯国家电信局的领导，向对方毛遂自荐。苦于一时间找不到替代者的俄罗斯国家电信局决定给华为一次机会，尽管这是一笔只有36美元的订单，但华为非常重视，并顺利完成了任务。

6年的等待、坚守和付出终于收获了回报。越来越多的俄罗斯人开始认可华为的技术和服务态度，这个时候，华为迎来了业务上的井喷。2000年的时候，俄罗斯直接将乌拉尔电信交换机和莫斯科MTS移动网络两个项目交给华为来做，这是双方第一次较大的合作，而合作过程与结果都令人满意，挑剔的俄罗斯客户给了华为很高的赞誉。有了第一次，后续的合作也就水到渠成了。2001年，俄罗斯国家电信部门与华为直接签署了上千万元的GSM设备供应合同，华为慢慢成为俄罗斯通信市场的主流供应商。

2002年，俄罗斯打算在莫斯科与新西伯利亚之间开通一条国家光传输干线，整个项目全长3797公里，是名副其实的大项目，思量再三，俄罗斯决定将项目交给华为来做。在那之后的几年时间里，双方的合作越来越频繁，华为的销售额也从最初的几十美元涨到几百万美元，再到几十亿美元。

　　华为不仅顺利在俄罗斯市场站稳脚跟，而且成为俄罗斯市场最具竞争力的电信厂商。华为与俄罗斯各大厂商以及俄罗斯政府建立了稳定的、长期的合作关系，为俄罗斯通信网络的发展提供了很大的助力，深受俄罗斯政府和民众的认同，并且也为接下来的国际化扩张之路做了一个完美示范。

3/ 第三世界的完美布局

在俄罗斯市场的成功，让任正非和华为信心倍增，但这个时候，华为并没有盲目自信到直接前往发达国家与西方通信巨头对抗。相反地，华为在俄罗斯市场验证了自己此前提出来的有关国际市场生存和发展的思路，那就是先进入欠发达或不发达的国家和地区，以此为根据地，慢慢发展势力，最后进入发达国家抢夺市场。为了强化这个发展思路和战略布局，任正非提出了"盐碱地"的概念。

　　一般来说，盐碱地是指那些盐分过高的土地。这类土地不适合种植，会严重影响农作物的生长。任正非之所以提出这个概念，就是因为国际市场上存在很多肥沃的良田，而这些良田基本上被国际通信巨头占领了，剩下的都是一些产量很低的盐碱地。这些地方经济欠发达，政治、军事、文化因素不稳定，投资环境不佳，通信巨头们基本看不上，不愿意进行投资或者只愿意进行少量投资。而华为要做的就是找到这些被通信巨头抛弃的盐碱地，把握有限的市场。

　　在寻找盐碱地的时候，非洲地区、拉美地区和亚洲地区的第三世界国家成为优先把握的对象。一开始，华为决定先从非洲和拉美地区开始，可是在竞标时，又遇到了当初在俄罗斯市场遭遇到的困境。华为公司参加了很多次竞标活动，可是无论是非洲，还是拉美地区，中标率都非常低。原因很简单，当时的非洲国家和拉美国家大都受到过西方国家的殖民统治，受西方国家的影响很大，他们只认同西方国家的企业和产品，对华为根本不了解，也不了解中国企业，华为想要在这些地方生存下去，一切都要从零开始。

　　为此，华为想到了一个办法，那就是通过与当地合作商合作来打开市场。2004年，华为与沃达丰进行合作，承担了对肯尼亚的智能网进行改造与升级的工程，这是华为进入非洲地区的第一笔订单。为了赢得开门红，华为上上下下都对这个项目非常重视，不仅为项目团队提供了最好的技术和人才，还针对性地对自己不擅长的流程控制进行强化，确保每一个环节、每一个细节都不会出问题。这种严谨的工作态度以及出色的技术，给沃达丰留下了深刻的印象，也让肯尼亚方面惊叹不已。

当然，仅仅依靠技术，还不足以让华为在非洲市场站稳脚跟，为了赢得非洲客户的认同，华为不仅提供了低价的产品，还提供了最优质的服务。非洲地区经济落后，很多地方甚至长年处于动荡之中，这让不少外国通信公司丧失了兴趣，他们不愿意冒险在这里做生意。而华为不同，在动荡、恶劣的社会环境中，华为的员工始终奋斗在第一线，始终时刻保持为客户服务的姿态，只要客户有要求，华为总是可以在第一时间给予满足。这为华为赢得了绝佳的声誉，并成为华为在非洲市场扩张的重要资本。

和非洲市场一样，拉美地区的经济也不发达。20世纪90年代，拉美地区爆发了严重的经济危机，经济环境持续恶化，经济羸弱使得大多数拉美国家根本没有充足的资金进行电信事业的建设。此外，当时拉美地区的电信运营商基本上都是美国和欧洲的大公司，它们不仅控制了市场，还控制了电信部门的设备采购权。华为公司想要进入拉美市场，难度非常大，而且很多拉美国家尤其是中美洲与加勒比海地区的不少国家，还没有与中国建交，想要在那里开拓市场，会面临很大的阻碍和风险。

经过考察，华为公司找到了一个合适的突破口，那就是经济实力相对发达，市场开放程度较高的巴西，巴西和中国的关系还不错，而且对外企的包容性很强。抱着试一试的心态，1999年，华为在巴西开设了拉美首家海外代表处，并投入300万美元作为首笔运营资金。不过，接连几个月，华为的代表处都非常冷清，因为巴西人只相信欧洲的产品，至于华为公司，他们并不了解，只觉得这是一家没什么名气的小企业。在巴西迟迟打不开局面的华为有些气馁，于是打算在其他拉美国家碰碰运气，可是连续好几年都是在做无用功。和巴西一样，那些拉美国家根本就不认可华为，也不想给华为任何机会。

2004年，坚守巴西市场整整5年的华为终于等来了自己在拉美地区的第一份订单，当时华为与巴西主流运营商CTBC合作，负责建设新一代移动通信网络。项目交付之后，通信网络运行良好，这让巴西的客户与合作商对华为刮目相看，双方后续开展了多次合作，华为在巴西市场渐渐有了知名度。后来，华为在巴西成立了研究中心，并在8年时间里将销售额做到了20亿美元。

在巴西市场的良好表现也吸引了拉美地区其他国家的关注，阿根廷与华为进行合作后，慢慢将其发展成为最主要的供应商。

智利更是看重华为的技术与服务，该国所有大的电信商都成了华为的合作伙伴，虽然智利是一个小国，但还是为华为创造了可观的收益。之后，华为在秘鲁、玻利维亚、多米尼加、厄瓜多尔等国都拓展了通信业务，并先后设置了多个工作站、软件开发中心和培训中心，成为拉美地区最大的通信商。

随着华为在非洲和拉美地区获得越来越大的成功，任正非开始将目光转向亚洲地区，因为亚洲相比非洲和拉美，经济发展得更好一些，甚至不乏一些经济发达的国家。积极开拓亚洲市场，可以让华为在国际化扩张道路上实现过渡。华为的亚洲第一站选择了相对富裕的沙特，一开始沙特也不相信华为，沙特优先选择的合作对象是阿尔卡特、朗讯、爱立信这样的跨国公司。可是有一次，沙特准备建设一个高效而稳定的通信网络，阿尔卡特、朗讯等巨头在接手项目后，并没有给出一个令人满意的结果，无奈之下，沙特政府找到了华为。

2006年，华为公司接手项目后，直接从中国调来很多了解沙特习俗的员工，因此项目进展很顺利，这一次的成功直接打开了沙特市场。2007年7月，华为与沙特科技城签订合同，华为终于在沙特市场站稳脚跟。以沙特为跳板，华为开始向周边辐射发展，还在科威特成立了一家分公司，以有效统筹华为在中东地区的业务开发。

接下来，华为又向亚太地区扩张，亚太地区和中东地区不一样，亚太地区的经济发展失衡，既有日本这样的世界经济强国和韩国、新加坡这样的经济发达国家，也有菲律宾、老挝、缅甸、柬埔寨、孟加拉国这样经济落后的国家。华为需要采取具体问题具体分析的原则来应对不同的市场。比如，在日本和韩国等经济发达的国家，华为会侧重于提供最好的技术和服务，并强调价格上的优惠，从而有效挤压其他外国通信巨头的市场；在孟加拉国、菲律宾、柬埔寨这样的欠发达国家，华为会为当地政府制定合理的发展规划，与当地政府合作建设通信网络，劝说政府鼓励电信投资，并提供更优惠的产品和服务。贴心的服务，让华为受到了亚太地区客户的欢迎。

在开发和管理欠发达国家和地区的市场时，华为遇到了很大的难题。其中一个问题就是这些国家和地区的情况都不相同，华为公司在开发市场的时候，往往会陷入困境，国内那一套经营管理理念根本不适用，因此市场拓展的进程一直很缓慢。这个时候，有人想到了一个好办法，那就是将国外市场的开发经验进行传播，考虑到不同国家和地区的社会环境不同，必须选择一个最具代表性的地方，很快大家就想到了埃塞俄比亚。

埃塞俄比亚是非洲最穷的国家之一，也是当时最挑剔的客户，负责开发埃塞俄比亚市场的华为员工曾说："如果开发发达国家市场的难度系数是1，开发非洲国家的市场难度可能就是5，而开发埃塞俄比亚市场的难度达到了20。因为埃塞俄比亚不仅穷，而且不按合同、不按规矩办事，经常做出一些毁约的举动，提出来的要求也非常多，项目开发和项目管理的难度非常大，但是当地的团队硬是啃下了这块骨头。"

华为总部曾直接派人飞往埃塞俄比亚，将那里的工作经验完完全全做了知识切割，通过整合、分析、提炼的方式，总结出了一套高效的工作方法。为了方便这套工作方法的传播和学习，总部直接将项目推进的流程、具体的方法和策略，以及实施的效果全部用视频拍摄下来，之后由总部分发到华为在世界各地的开发团队手中。不仅如此，华为此后还形成了好的经验分享风气，只要有什么好的方法、好的理念，华为就会进行总结与传播，确保各地开发团队少走弯路，可以获得有意义的指导，而正是依靠管理经验的分享和传播，华为的业务在第三世界开始遍地开花。

4/ 叩开欧洲市场的大门

当华为在第三世界国家和欠发达地区的发展势如破竹之后，自然而然将目光锁定在经济更加发达的欧洲。不过欧洲市场不比其他地方，欧洲的经济非常发达，绝大部分欧洲国家都已步入发达国家行列。第一次工业革命就是在欧洲兴起的，在那之后，欧洲一度成为全世界的经济、政治、文化中心，也就是任正非口中所说的"良田"。

对于华为来说，想要进入欧洲市场，需要面临的困难比进入第三世界要难得多，因为欧洲本土就拥有很多优秀的通信设备公司，它们在全世界范围内都拥有巨大的影响力，这是华为所不具备的。

许多人最初反对华为进入欧洲市场，认为华为可以在国内占据优势，击败众多外企，甚至在国际市场上也能够开拓市场，但在欧洲大本营内，华为很难与通信巨头们对抗。任正非自然知道这一点，但是他同样知道，如果华为不走出去，就会永远被困在国内市场；如果华为不进入欧洲这样的高端市场去锻炼，那么就永远无法成长为一家世界级的大公司，更不必说以后三分天下。对于华为来说，欧洲是一个必须征服的市场，这是华为走向优秀，走向伟大所必须面对的难题。

早在1997年，华为还在开拓俄罗斯市场时，就已经锁定了南欧的南斯拉夫。华为的想法很简单，那就是先在南斯拉夫站稳脚跟，然后以此为根据地辐射周边，逐步渗透和开拓整个欧洲。计划非常完美，但在实施过程中，华为几乎寸步难行。

那个时候，华为与南斯拉夫邮电部进行第一次商业洽谈，当时对方希望明确知道华为的报价，由于经验不足，华为的商业代表将底价告知对方，结果自己的设备被对方当作技术不成熟的廉价产品。后来，南斯拉夫选择了报价更高的阿尔卡特。

这一次失败让华为感到屈辱，后来华为又多次寻求合作，但没有客户愿意将订单交给华为来做，预感到时机不成熟的华为最终选择去拉美地区的巴西开拓市场。

在国际市场历练一番后，任正非转变思维，过去他觉得只要自己的产品价格更低、技术过硬、服务质量更好，就可以吸引欧洲客户的关注。但事实并非如此。在欧洲和美国，运营商和客户更看重品牌影响力，相比之下，价格可能并不是最主要的考量因素。欧洲和美国的运营商更加偏爱西门子、爱立信、阿尔卡特、朗讯、北电网络等公司，这些企业都是在欧美国家发展起来的大品牌，运营商认为品牌就是技术、质量、服务的保障。相比之下，华为最欠缺的就是品牌知名度，而这需要时间的打磨，需要市场的宣传和见证，也需要一个好的机会。

当然，还有一种方法，那就是寻找一个本地有威望、有实力的品牌代理商或合作伙伴。欧洲是一个等级森严的市场，像华为这样不知名的外来企业，想要进入市场很难，基本上连运营商的面都见不到。只有代理商才有机会见到运营商，借助代理商的资源和品牌效应，华为在欧洲市场才可能获得更高的关注。

比如，法国是整个欧洲相对更包容和开放的国家，在1996年颁布电信改革的相关法案之后，法国就直接开放了电信市场，吸引了世界各地的电信厂商进入，华为也顺着潮流去法国抢夺市场，可是运营商根本没给任何机会。没有办法的华为最终找到了专门承建电力设备和电力传输基础设施的知名企业阿尔斯通，与对方进行合作。当时阿尔斯通负责承接法国的电信项目，而华为则负责提供设备和技术，双方配合默契，顺利完成了项目。正是因为这一次合作，华为的技术和办事效率给阿尔斯通留下了深刻的印象，双方很快决定扩大合作范围，而华为则依靠这个得力帮手迅速打开了法国市场。

需要注意的是，在这一类合作模式中，华为往往处于辅助位置，很难直接与运营商、客户接触。不仅如此，华为的利润也被合作伙伴压缩得很低，从长远发展来看，这并不利于华为在欧洲市场的扩张和发展。华为必须独立完成更多的项目，这样才能够更好地展示自己的实力。否则华为做得再多再好，运营商也会认为这是合作伙伴的功劳。

2001年2月，法国电信运营商NEUF准备建设一条连接法国境内两大城市的光输网络，可是联系的好几家电信厂商给出的报价实在太高，这让NEUF实在难以接受。就在这个时候，阿尔斯通及时向NEUF推荐了华为，对方眼看着工程进度要受到影响，于是勉强同意让华为先试一试。结果华为短时间内就完成了项目，并且在运营的3个月之后，顺利通过了验收。

NEUF对此非常满意，该公司的CEO一面夸赞华为，一面骄傲地夸耀自己的战绩："这为我们节省了至少10%的投资，而且我们获得了想要的速度。要知道，几年前所有的市场都是法国电信的，而现在我们已经成了它最大的竞争对手。为什么？无非是我们动作更快一些，更冒险一些。当然，我们的价格也比法国电信便宜一些。"

这一次独立行动，让法国运营商们对华为刮目相看。不过，有实力并不代表华为就能够得到其他欧洲国家以及运营商的认同，想要真正在欧洲市场站稳脚跟，构建更加强大的品牌影响力，华为还需要进一步在技术上征服运营商，而首先要做的就是满足欧洲市场严苛的供应商筛选标准和规则。

比如，2000年，欧洲的3G技术开始进入商用阶段，各国也正式发放了3G牌照，可是当时的3G运营成本很高，而业务普及度不高又进一步导致利润很低。运营商们对此忧心忡忡，为了建设3G网络，不得不想办法控制运营成本，而这个时候，运营成本不高且主张低价策略的华为进入了不少欧洲运营商的视线。

欧洲国家对供应商的要求很高，并且制定了世界上最严格的筛选标准，华为公司想要与诸多欧洲老牌电信运营商的供应商一样出色，就需要在技术上达标。那个时候，欧洲运营商基本上将供应商分成四类：普通投标者、供应商、战略供应商和战略合作伙伴。每一类供应商对应不同层级的衡量指标，运营商会对供应商进行严格的资格认证，确保供应商具有强大的后续服务能力，而层次越高的供应商，相应的资格认证也越严格。

以英国为例，要想成为英国电信的战略供应商，首先需要进行40小时认证，战略合作伙伴更是必须接受200小时的全面彻底认证。这也是很长一段时间内，英国电信在全球范围内只有三个战略合作伙伴的原因。

2002年，不畏艰难的华为公司第一次经历了英国电信为期4天的全方位认证和考察。当时，英国电信采购认证团对涉及业务管理的12个方面进行认证，还对华为的供应商进行评估。英国电信的专家提出了一个问题："从端到端全流程的角度看，影响华为高质量地将产品和服务交付给客户的5个最需要解决的问题是什么？"结果在场的华为流程专家、质量专家和公司高层领导中，没有一个人可以回答出来。自然而然，华为第一次认证以失败告终。

华为并没有被失败吓倒，而是花了两年时间重新做了准备，包括对欧洲认证标准、认证规则、认证思维进行了解，最终在2004年，顺利通过了英国电信的考察和认证，成为英国电信合格的供应商。

这一次成功让华为在欧洲赢得了知名度。虽然早在2003年的时候，华为就在法国、德国、西班牙等国家相继拓展业务，但是直到通过了英国电信的认证，华为的技术和质量才获得了肯定。西门子、沃达丰等知名合作商，甚至免费为华为宣传，还给华为介绍更多的合作伙伴与客户。这个时候的华为终于在欧洲市场打开了局面，订单源源不断地增加。

》 **第六章**

思科，最难缠的对手

1/ 进入美国市场，诉讼先至

20世纪90年代初期，苏联解体，自此长达几十年的美苏争霸结束，而美国成了世界上唯一的超级大国，在经济、政治、文化、军事方面全面领先全球。美国成为全世界发展的领头羊和标杆，能够进入美国市场也成了很多企业的终极梦想。在通信领域同样如此。美国有世界上最成熟的电信市场，拥有世界上最大的通信需求，还有不少优秀的电信厂商，它们在世界范围内都拥有很大的影响力。

对于华为来说，如果进入欧洲市场是走向一流通信设备企业的必经之路，那么进军美国市场就是构建全球性品牌影响力以及成为通信设备领头羊所需的一种身份加持。毕竟只有进入这个全世界竞争水平最高的市场，在全世界经济最发达的国家生存和发展，华为才能够真正成为一家伟大的公司。

不过，美国市场的竞争激烈程度不比欧洲低，而且和多元化的欧洲市场有所不同，美国市场的地域性更强，包容文化的背后仍旧隐藏着一定的保守主义。美国非常注重对本土企业的保护，而对外来企业始终保持戒心，对于一家来自中国的企业来说，想要在美国市场发展业务，并赢得美国客户的认同，难度非常大。正因为如此，华为公司提前布局，很早就为进入美国市场做了铺垫。

早在1993年，华为就已经在美国达拉斯建立了研究基地。虽然这是一个规模很小的研究基地，但是对华为来说，是一个全新的开始，关乎未来二三十年在美国市场的商业布局。1999年，华为又在达拉斯建立了研究所。也就是这一年，海尔集团在美国建立了一个规模庞大的生产基地，然后在2000年的时候生产了第一台美国本土产的海尔冰箱。不久之后，生产基地的产品输送至整个美国。在那个年代，海尔成为所有中国企业的楷模，所有的企业都希望可以成为海尔那样的公司，将生意做到美国市场。

不知道海尔集团的成功是否激励了任正非，华为进军美国市场的意愿越来越强烈，步伐也不断加快。2002年，华为宣布在得克萨斯州成立子公司，正式建立了美国根据地，这个时候，所有人都知道华为很快就要在美国开拓市场了。2002年6月，美国亚特兰大举办了Supercomm2002商展会，华为的得克萨斯子公司参加了展会，并且直接在展会上宣告华为进军北美市场的计划。当时很多运营商都对华为感到好奇，于是纷纷到华为产品的展区围观，而华为直接展示了全系列产品。

正当华为准备开拓市场时，意外发生了。2002年12月，思科副总裁突然在深圳香格里拉酒店约见华为高层，原本大家以为这一次拜访是一次友好的商业互动行为，双方甚至有可能就此展开合作。思科创办于1984年12月，是斯坦福大学计算机系的一对夫妇创立的，当时他们发明了一种"多协议路由器"的联网设备，可以有效连接大学校园内的所有计算机，形成一个巨大的网络。而这个强大的设计一经面世，就引领了互联网时代的潮流。

在那之后，思科公司的发展越来越快，并在互联网快速发展的大背景下成长为全球领先的网络解决方案供应商，公司的网络技术领先全球，为全世界很多企业提供优质的网络服务。从技术层面来看，思科公司绝对是通信领域的领先者，而且与朗讯这一类传统的通信巨头相比，思科公司更有活力，技术水平更高，发展方向也更加明确，代表了当时美国通信技术的走向。对华为来说，思科是一个必须引起重视的对手，双方在美国市场免不了要交锋，但如果想要进军美国市场，思科又是一个非常合适的合作伙伴，有可能的话，华为更愿意借助思科的力量开拓美国市场。

抱着这样的期待，华为欣然赴约，可双方还没来得及坐下好好交谈，思科副总裁突然拿出事先准备好的有关华为侵权的通知函，并递交给任正非。通知函说明了华为侵犯思科知识产权的行为，要求华为在十日内从市场上撤出产品，并删除产品中核查方认定已经侵犯思科知识产权的任何代码。不仅如此，华为必须通知客户在30天内停止使用侵权产品。

这是华为成立以来第一次遇到跨国知识产权诉讼的情况，大家都不知道该怎么办，而在没有了解清楚事情的真相之前，华为仍旧向思科副总裁做出保证，会暂停销售涉及知识产权纠纷的产品，然后在内部进行调查，如果真的发现存在侵权行为，一定会给思科公司一个说法。

华为当时已经做出了最大的让步，毕竟对于立志进军美国市场的华为来说，多一事不如少一事。但是思科方面显然是有备而来，这一次他们的目的就是要让华为难堪，试图彻底整垮华为，因此思科的副总裁当面拒绝了华为的提议。2003年1月22日，思科公司直接在美国得州东部的马歇尔地区法院对华为发起诉讼，起诉华为侵犯了思科的知识产权。精心准备的思科竟然草拟了一份长达77页的起诉书，罗列出华为侵犯专利、侵犯版权、不正当竞争、盗取商业秘密等21项商业罪名。

华为原本还觉得思科只是单纯地发出一点警告，没想到却收到了法院的传票，这让众人感到震惊。任正非此时真正意识到思科并不是一个善茬，它的目的或许就是不希望华为出现在美国市场上，为此通过起诉的方式来制造压力和阻力。

任正非的猜测没有错。其实在2002年的亚特兰大商展会上，思科总裁钱伯斯和公司的另一名高管就参观了华为展台的产品。在受到华为工作人员的热情接待后，两人还兴致勃勃地询问起华为公司的产品，尤其是高中低端全系列路由器的情况。

展台的工作人员当时以为对方是普通的潜在客户，于是耐心进行介绍，可是钱伯斯听完相关信息之后，并没有多做停留，直接离开。回去之后的钱伯斯忧心忡忡，于是在内部会议上制定应对的计策。

很显然，一个强大的华为进入美国市场，很有可能会瓜分掉属于思科的市场，思科绝对不允许这样的事情发生。最好的办法就是通过诉讼的方式给华为制造麻烦，给华为一个下马威，让华为知难而退，离开美国市场。

当诉讼案件被曝光后，舆论一片哗然，许多不明所以的媒体开始抨击华为，认为这是一家只会模仿、复制、侵权的企业，他们纷纷声援思科公司，认为行业中需要有人对那些窃取他人知识产权的不良企业一点教训。在媒体的渲染下，思科被包装成为一个受害者、一个维护知识产权的斗士，而华为则成了窃取专利的"小偷"、一个不知进取的三流企业。巨大的舆论攻势让华为的形象跌至谷底，还没有正式进入美国市场的华为就遭到了重大打击，这是任正非没有想到的。

华为知道自己并没有侵权，一些理智的美国人也觉得思科在故意使绊子，甚至对思科的行为感到不理解。因为思科在过去十几年时间里，面对很多真正的侵犯知识产权的行为，都是采取"不闻不问"的态度，并没有觉得那些侵权者影响到了自己的商业利益。而这一次，却要对华为展示自己锋利的獠牙。很明显，华为的存在让思科感受到了巨大的威胁。

对于华为来说，早期因为技术水平很低，不得不仿制外国企业的技术和产品。在这种情况下，难免会出现一些擦边行为。随着华为的发展以及研发投入的增加，多年来一直都在使用自主研发的技术和产品，根本不存在侵犯知识产权的行为。一项技术再怎么发展，一个产品再怎么改进，在结构和功能上免不了会受到技术同源性的影响。就像手机一样，无论外形怎么变化，功能如何进化，都无法彻底摆脱初代手机的影子，但不能说所有的手机在设计时都侵犯了知识产权。

可思科就是在这种同源性问题上大做文章，不断从华为的技术和产品中挑刺。而华为想要赢得诉讼却很困难。一方面是因为知识产权的案件一直是美国商业案件中的主体，美国政府也非常看重对知识产权的保护。华为想要洗脱嫌疑，就需要做大量的工作来证明自己。但是思科公司显然不想给华为这样的机会，它为这一次诉讼做了充足的准备，首先就是对时机的把握恰到好处。如果仔细分析，就能够了解思科的用心。因为思科在2002年12月才告知华为侵权一事，2003年1月22日就迅速提起诉讼，而1月22日距离当年的春节只有短短9天时间。这个时候的华为正准备进入假期模式，根本没有足够的时间和精力来应对诉讼。9天的时间，光是搜集证明自己清白的材料可能都搜集不完。很明显，思科这是铁了心要将华为往绝路上逼。

另一方面，思科对于赢得诉讼似乎很有信心。这是因为美国会优先保护自己的本土企业，有什么订单和业务会优先提供给本土企业，而在涉及商业诉讼的案件时，美国更是存在明显的倾向性。华为曾经邀请专业的律师帮忙，结果律师告知了一个非常残酷的事实：过去几十年里，在美国市场上，很少有外国企业能够在与美国本土企业的诉讼中胜诉。律师的话表明了美国当时存在贸易保护主义的倾向，这对华为非常不利。

华为一下子陷入了困境。其实任正非早就做出过预判，思科和华为必定会有摩擦。毕竟思科是当时世界上最成功的网络解决方案供应商，华为则是发展速度最快的通信设备服务商和制造商，双方注定会在美国市场发生激烈的对抗。可思科竟然依靠这样的方式挑起斗争，这是华为始料未及的。面对思科咄咄逼人的态势，华为只能硬着头皮接受挑战。

2/ 携手 3Com，绝地反击

在进入欧美国家之前，华为将技术研发、管理体系改进作为发展的头等大事，并认为这些才是华为立足国际市场的基本保障。可与欧美国家打了多年的交道后，任正非意识到还有一个重要的要素被自己忽略了，那就是"游戏规则"。他认为欧美国家曾长期引领世界的发展，制定了各行各业的发展标准。这种标准不仅是一种技术标准，还包括行业中的游戏规则。英国的供应商审查和分级制度就是一种规则，通过与当地代理商合作入局也是一种规则。各种各样的规则会告知所有外来企业应该怎么"玩"，怎么"玩"才是合理的，而所有外来企业想在欧美市场生存和发展下去，就要学会尊重、适应并灵活运用这些规则。

面对思科公司提起的诉讼，任正非并不愿意将事情复杂化。很显然，任正非觉得华为首先应该从自己身上找问题，应该弄清楚自己是否真的违反了美国市场的游戏规则。而正是因为拥有这样成熟的认知，华为才可以在思科的攻势下保持理性和冷静，寻求到解决问题的方法。

任正非知道这是一场只能赢不能输，只能前进不能后退的"战争"。他开始积极部署，毕竟想要和美国企业打官司，就要拿出最专业的姿态和方式。首先，他任命郭平为这次诉讼的总负责人，还为其配备了一支强大的团队，其中就有知识产权部的宋柳平、法律部的陈树实、张旭廷，公关部的李杰，华为的发言人傅军，副总裁费敏和徐文伟。

为了做好充分的准备，郭平一行人前往北京，向美富北京办事处首席代表徐文炫咨询案件的处理方法。徐文炫特意谈到松下、索尼和三星，这些日韩企业在进入美国市场时，也曾经历各种各样的诉讼，却在美国市场上存活下来，并且变得越来越强大。他认为这场诉讼对华为来说并不完全是坏事。与此同时，他也给华为提供了一些建议：应诉时要强调华为对知识产权的尊重；要强调华为对当地法律的尊重；还要做好充分准备来应对马歇尔地区法院的法官和陪审团，因为这家法院在处理侵权案件时，向来不会手软。

之后，郭平等人前往美国，在美国主流媒体面前公布了一条消息：早在1995年，华为便成立了专门的知识产权部，通过制度流程进行科学管理，而且从1998年开始，华为就聘请国际一流的企业来管理财务。华为发起的舆论战果然起到了效果，很多媒体纷纷表示，一家拥有专门的知识产权部，以及邀请专业团队做账目的企业，不可能恶意抄袭和侵犯别人的知识产权。不仅如此，华为还以每小时630美元的高薪，聘请在世界范围内享有盛名的罗伯特·哈斯拉姆（Robert Haslam）律师帮忙打官司。罗伯特·哈斯拉姆也不负重托，很快就找到了思科公司的一个大漏洞。原来思科公司设置了不少私有协议，公司设定了一套企业内部自定的协议标准，这些标准只适用于思科公司生产的设备产品，其他厂商想要在通信网络行业中生存下去，就必须按照思科公司制定的标准生产相关产品，或者不得不购买思科公司的产品。这些私有协议给思科带来巨大的利润，但涉嫌市场垄断。虽然美国法律保护私有协议，但中国在内的很多亚洲国家以及一些欧洲国家都拒绝承认私有协议的合法性，这就表明华为在中国生产的路由器以及其他通信网络产品，并没有侵犯思科公司的知识产权。

这一发现给了华为绝地反击的机会。在罗伯特·哈斯拉姆的指导下，华为公司参加第一次听证会时，直接谈到了思科公司的私有协议，认为思科公司的私有协议在中国并不具备法律效力，思科公司谈到的侵权一事并不真实存在，思科必须停止对华为进行污蔑和诽谤，同时必须针对这一事件赔偿华为的损失，修复华为的形象。

参加完听证会之后，华为迅速在中国对思科提起诉讼，罪名是变相垄断国内路由器市场。垄断是一个很大的商业罪名，在欧美国家和中国，都是不被允许的，涉嫌垄断的企业往往会遭到重罚。这一下思科有些慌张了，它担心自己坐实垄断罪名，那样不仅会失去中国市场，还会对自身的品牌形象造成严重的打击。

除了在国内发起反击外，华为又以其人之道，还治其人之身，向美国得州马歇尔地区法院提交了一份18页的答辩词。在答辩词中，华为针对思科关于专利侵权、侵犯商业秘密的诸多指控进行否认，并给出了否认的理由。然后华为发起反诉讼，要求法院判思科败诉，并判罚思科公司补偿华为的损失。

马歇尔地区法院在认真审核了华为公司提交的答辩词和其他相关材料后，发现华为与思科的源代码存在很大的差异，华为的源代码只有200万行，而思科公司的源代码多达2000万行，两者相关联的地方只有1.7%。这一次，就连法院也觉得有关华为抄袭思科源代码的指控并不合理。

为了速战速决，华为开始谋划更大的反击手段。随着案件陷入胶着状态，华为终于有机会喘口气了。这个时候，任正非突然想到华为当初在欧洲与代理商合作的事情，开始谋划着在美国市场找一个合适的合作伙伴来增加自己的胜算。考虑一番之后，华为将目光锁定在3Com公司身上。早在2001年11月，3Com公司就派出一个代表团前往华为参观，还表达了合作的意愿，而这一次华为遭到思科的指控后，3Com也是少有的敢于站出来支持华为的美国公司。当时，3Com公司的CEO更是当着美国主流媒体的面夸赞华为："华为的工程师都具有相当的天赋，他们在宽大的办公室里操纵着最新的设备和软件，他们拥有我所见到过的最先进的机器人设备。"

在反击思科的关键时刻，华为决定和3Com公司联手，提出了成立合资企业的想法：3Com公司只需要投入1.6亿美元，就可以获得49%的股份。3Com公司毫不犹豫地同意了。2003年3月20日，双方共同出资成立了一家名为"华为3Com公司"（H3C）的合资企业，同时向外界宣布，将在通信产品的研发、生产和销售上合作。

不得不说，任正非下了一步好棋。首先，H3C的成立彻底扭转了华为在诉讼中的不利位置，外界开始相信华为是被思科冤枉的。毕竟华为如果真的涉嫌侵权，就不会有美国公司愿意冒险与之合作。反过来说，3Com公司的合作行为恰恰证明了华为是清白的。

其次，华为与3Com公司的合作也是进入美国市场的一个桥梁。这个桥梁并不会受到诉讼案件的影响，即便华为败诉，华为公司的产品无法继续在美国市场销售，华为也可以通过H3C这家合资企业来输出技术和产品。

到了这个时候，思科公司可出的招已经不多了，华为迎来了胜利的曙光。

3/ 和解，但斗争仍在继续

华为与3Com公司的合作就像是给思科敲了一记闷棍，而缓过神来的思科，很快就预感到这一次自己的对手并不好惹。虽然从技术层面、规模上来说，华为公司还不足以和思科公司相媲美，尤其是在美国市场，华为占不到太多的优势。但是华为身上有一股不服输的劲头，有迎难而上的胆识和魄力，加上惊人的发展速度，将来必定会对思科的发展造成巨大的威胁。

思科公司在召开内部会议之后，认为继续和华为打官司的胜算很小，而且随着舆论的翻转，思科的名声和品牌也会受到影响，所以思科打算撤销指控。与此同时，华为也知道继续缠斗下去会对自己造成一定的影响，毕竟华为的目的是进军美国市场，不是花费时间和精力与思科斗争。如果双方长时间争斗，华为的业务拓展会受到很大的影响。在这种情况下，双方权衡利弊，决定各自退让一步。

就这样，双方在2003年10月1日达成了初步协议。协议规定，双方必须接受第三方专家的审核，将官司暂停6个月。不仅如此，华为应该将涉案的相关源代码带到美国，接受第三方权威机构的检查。检查结果很快出来了，华为并不存在侵权行为。从某种意义上来说，这个结果是双方都渴望看到的。不久之后，华为与思科达成了和解，并签订了一份和解协议。

这里不得不提一件事。早在双方交锋的第一阶段，也就是思科公司来华为兴师问罪之后，第一次发起诉讼之前，思科曾经与华为就IP问题初步接触和商谈，双方经历了多轮的函件沟通和三次谈判。第一次谈判以电话会议的形式展开，从1月14日上午11时开始，一直持续到1月15日凌晨4点半，毫无诚意的思科叫嚣道："如果华为方面先下线，则表明华为无诚意和谈，思科马上与华为法庭上见。"郭平一行人觉得很无奈，只好和对方耗着，最后思科公司的代表实在撑不住了，于是主动挂断了电话。

这一次所谓的商谈，更像是一场闹剧，思科自认为占据优势，根本没有和解的想法。可是经过几个月的缠斗，思科并没有达到预期的目的，诉讼还陷入了僵局，于是思科不得不选择和解。

就这样，轰动一时的诉讼案件告一段落。在这个案件中，思科和华为都不算是真正意义上的输家。虽然思科没有击垮华为，将其排除在美国市场之外，但几个月的诉讼时间有效延缓了华为在美国市场的行动，为思科制定合理的应对策略争取了更多的时间；而对于华为来说，虽然案件给自己制造了不少麻烦，但是在与思科对决的过程中，华为不仅积累了丰富的经验，还有效借助美国主流媒体的宣传打响了自己的知名度。毕竟能够让思科公司如此兴师动众、大费周折打压的一家外企，必定很有实力，更何况官司以和解告终，这让美国人对华为有了更大的敬意。

《华为基本法》的起草人之一吴春波非常了解华为，他认为思科起诉华为可能产生的正向作用，本身就在华为高层的预测和判断范围之内。思科通过全球媒体，甚至头版头条"宣传"了华为，使用户知道了一个能与思科竞争且对思科有威胁的公司，对于华为这样一个不知名的公司，是用多少广告都做不到的。这一诉讼案件让华为获得了一张"海外市场的合法入场券"，让很多外国运营商了解到华为是一家注重自主研发且拥有强大实力的企业。

尽管如此，华为仍旧不敢掉以轻心。所有人都知道，思科肯定不甘心就这样放弃，一定会再次给华为制造压力，破坏华为开拓美国市场的计划。事实也正是如此。思科不断利用自己的关系以及在美国市场的便利，说服其他运营商不要和华为做生意。这的确给华为带来了很大的麻烦，但华为并没有就此妥协，而是在全世界范围内拓展业务，并且继续强化自己与那些世界顶级企业的合作，以提升自己在世界范围内的影响力。

华为在2003年3月20日与3Com共同成立H3C之后，西门子主动找到华为，希望双方可以就全球业务的拓展进行商谈。2003年8月29日，华为再次出击，与西门子共同出资1亿美元成立华为鼎桥通信。同年9月22日，华为与NEC、松下成立宇梦通信。可以说，在短短半年时间内，华为就先后与多家顶级企业成立合资企业，宣告了华为的市场地位，也对思科的小动作做出了强势的回应。

明眼人能够看出华为针锋相对的态度，但是谈到华为与思科的关系时，任正非还是谦虚地解释说："华为现在还很弱小，还不足以和国际友商直接抗衡。所以我们要韬光养晦，要向拉宾学习，以土地换和平，宁愿放弃一些市场、一些利益，也要与友商合作，成为伙伴，共同创造良好的生存空间，共享价值链的利益。"

可是华为的示好并没有被思科看在眼里，越来越多的势力阻碍华为公司在美国市场的扩张，而这背后或多或少都有思科的影子。2006年，华为与3Com公司分道扬镳，H3C直接被对方收购。2007年，华为联合私募投资公司贝恩资本竞购网络公司3Com，但是最终以失败告终。2010年，华为计划收购摩托罗拉无线网络业务，可是在关键时刻，又因为外部势力干涉而失败；同年，华为参与了美国供应网络基础设施建设的竞标，可是在离成功很近的时候，华为遭遇了失败。2011年，华为收购三叶系统（3Leaf Systems）的计划再次失利。在那几年时间里，华为一直都在努力融入美国市场，但最终都被外部势力干扰。可越是这样，华为越是在国际市场上狂飙突进。

2003年，有人问思科公司的总裁钱伯斯对华为有什么看法，这位通信大佬有些严肃地说："在今后几年里，思科将只有一个竞争对手，那就是华为。"要知道，这个时候，思科被《财富》杂志选为2002年度最佳公司第一名，而且从1990年起，思科一直都是赢家——思科曾成功击败三位竞争对手，那些尚且存在的公司，要么被思科并购了，要么已经沦落为不入流的企业了。

2013年，华为的年营业收入达到395亿美元，超越爱立信的353亿美元。2014年，华为的年营业收入达到465亿美元，与思科公司的471亿美元不相上下。2015年，华为以601亿美元的年营业收入超越思科的492亿美元，一举成为全球第一大通信设备商。

》第七章

华为究竟强在哪里

1／构建优秀的管理体系

 1998年，华为公司进入一个重要的发展阶段，正是这一年，华为公司的营业额一下子蹿升到惊人的89亿元人民币。这样的成绩让整个华为内部一片沸腾，大家都对未来充满了期待，认为按照这样的发展趋势，华为将会在短时间内成为世界上最具竞争力的通信设备制造公司。外界对华为的发展速度和成果感到吃惊，纷纷赞美华为的竞争意识、奋斗精神，以及独特的员工激励措施；外界也一致看好华为，认为它会成长为电信行业的巨头，然后成为国际市场上的一个知名中国品牌。

内部的乐观情绪开始蔓延，外部的褒扬和期待越来越高。在这种情况下，任正非却表现得异常冷静，甚至对华为的发展有些担忧。他敏锐地意识到华为的管理还不够完善，而且当时的管理体系已经暴露出不小的问题，只不过被高速发展的状态所掩盖。比如，任正非发现很多部门往往各做各的事，部门之间缺乏沟通，遇到事情也是各自为战，丝毫不关心其他部门的状态。由于缺乏沟通，内部重复工作、配合不默契、相互封闭、相互排斥的现象屡见不鲜，这些都严重影响了企业的办事效率。

不久之后，任正非安排专业人士对内部的工作情况进行摸底调查，结果发现公司的资源浪费现象很普遍，每年都有一大笔钱被浪费在一些毫无意义的事项上。而且公司的交货时间、库存周转率也比其他大的通信公司低不少。当时，调研人员提交了一份报告，里面的几组数据对比，让任正非看了非常吃惊，华为在研发方面的资金浪费、资源浪费、人才浪费比例竟然是世界优秀企业的两倍以上，产品开发周期也是两倍以上。这就解释了华为的销售额连续几年快速增长，但是产品毛利率却逐年下降的原因。当时最知名的企业IBM，其人均效益达到了华为的6倍。在这样惊人的差距下，华为有什么资格和条件与世界最优秀的企业进行竞争？

很明显，华为的发展遇到了大问题，而这个问题的核心就是管理。正是因为管理体系存在诸多漏洞和不足，才导致华为的发展出现了不平衡的现象，低效成为一种常态。

为了提升管理水平，任正非下定决心前往西方国家取经。而首选的学习对象就是被称为蓝色巨人的IBM。IBM是当时最负盛名的科技公司，这家公司也曾陷入困境，正是在郭士纳引领的变革下才焕发生机，成为世界上最优秀的企业之一。华为想要做大做强，走得更远，也要像IBM一样进行一场大的变革。所以任正非希望华为可以向IBM请教管理方面的问题，学习IBM的管理模式和管理经验。

不久之后，任正非花费巨资邀请IBM公司的管理咨询顾问来公司参观和诊断，找出华为公司存在的问题，然后让对方指导华为的管理变革工作。咨询顾问经过一段时间的观察，找出了华为公司问题的症结所在：华为没有时间一次性将事情做好，却总有时间将事情一做再做。

咨询顾问的意思很明确，华为管理的首要问题在于流程控制不合理，这才导致各部门相互脱节、各自封闭，工作陷入无序状态。一个合理的流程中，各部门、各个岗位、各个环节应该按照既定的顺序和规则推动工作的完成，就像一台机器按照特定的程序设置精准运行一样。华为要做的就是设定合理的程序，确保每一个人都能够各司其职，每一个环节运作都精准到位。

在相关项目正式启动之前，IBM第一期报价为4800万美元（约合5.6亿元人民币），这就是华为一年的利润。这让华为内部感到吃惊，当时华为财务总裁想与IBM的代表进行谈判，争取砍一点价，任正非只说了一句话："你负责砍价，你能否负责承担项目风险？"在当时的情况下，IBM掌握着谈判主动权，代表咬定了这个价格，华为没有其他选择。考虑到资金投入太大，任正非询问代表："你们有信心把项目做好吗？"对方稍微想了想，非常肯定地说："能。"任正非于是坚定地拍板从IBM引入流程管理。

当时内部有很多人不懂流程是什么，并不觉得流程管理有什么作用。为了更加形象地描述流程是什么，华为内部有人将其比喻成盲人摸象：有人摸到鼻子，有人摸到眼睛，有人摸到庞大的身躯，有人摸到粗壮的大腿，有人摸到象牙，而流程管理的作用就是让所有人将自己所触摸到的东西整合在一起，最终完成摸象工作。

在进行流程管理时，公司要求每一个部门、每一个团队在实施某个项目时，必须先制定详细的流程表，明确流程中的步骤、每一个执行者的任务，以及执行任务和实施项目时所需的工具。所有人都必须知道自己在流程中处在什么位置，具体要做什么，什么时候去做，与什么人配合。

为了确保流程管理的正常运行，同时强化不同部门和不同员工的权责意识，华为公司引入了一整套相应的考核机制，从而形成了一套制度化、规范化、职业化的管理体系。公司会定期开展绩效考核，而考核结果直接与相关部门、相关人员的绩效挂钩。通过制度的约束，以及合理的考核机制，员工能够按照流程规定的相关步骤去工作。

这一流程变革耗时5年，花费了5000万美元的巨资。华为内部曾有一些反对的声音，不少人觉得任正非花了冤枉钱。但流程改革之后，华为的工作效率、浪费比例、库存周转率等问题都得到了解决，而且华为的高速发展状态得以延续下去。

从1998年至2002年的5年时间里，IBM先后派遣了70多位专家顾问到华为，开展IPD（集成产品开发）、ISC（集成供应链）、IT系统重整、财务四统一等8个管理变革项目。华为由此展开了轰轰烈烈的管理变革，而正是这次变革，使华为公司极大地提升了管理水平，为自身成长为一家世界级科技公司奠定了坚实的基础。

在企业从IBM引进流程管理体系之后，华为再接再厉，又与Hay Group、Mercer、PwC、FhG等公司展开了深入合作，全面构筑起客户需求驱动的组织流程和管理体系。华为的管理体系逐渐与国际接轨，赢得了更多海外客户与全球合作伙伴的认同，也支撑起华为的全球化战略。

除了从外国企业引进管理体系和方法外，华为也一直在不断摸索和完善内部的管理模式，依据自身的发展状态，进行调整和创新，打造了一套属于自己的管理体系。

比如某一次，郑宝用在研发数字机的项目时突然发现了纵向型管理模式的优势和弊端，他觉得这种纵向的管理模式很容易受到层级结构的影响，导致效率降低，所以企业必须强化横向的联系，推动内部合作走向一个更高的水平。这个时候，郑宝用就想着自己可不可以加入一些横向的操作模式，于是一个初级的矩阵式管理架构在郑宝用头脑中形成。

华为中研部成立之后，郑宝用毫不犹豫地实践自己的想法，并直接将矩阵式架构的设想投入研发系统中，等到矩阵式管理模式日趋成熟，便直接在各个业务部门推广。这种矩阵式管理实际上指的是一种横向联系、纵向沟通的管理模式，可以有效平衡企业的利益，推动员工聚焦企业集体利益，同时增加部门之间的沟通与交流，有效消除小团体主义。相比传统的垂直管理模式，矩阵型组织架构可以将内部不同机构、不同职位、不同职能的人员紧密联系在一起，构建一个整体性的、纵横交错的网络，推动事业分工和专业职能分工的有机结合，确保整个企业形成一个统一的、合作的团队。

经过多年的管理变革和创新，华为的管理水平不断提升，在符合国际化标准的同时，形成了自己的特色，这为华为公司的持续发展提供了强大的保障。有人做了这样一个形象的比喻：在1998年之前，华为只是一个一味踩油门加速的企业，企业一直在高速通道上狂飙突进；而从1998年开始，华为逐步构造了更加高效的管理体系，这个时候，华为慢慢掌握了踩刹车的技能，确保企业可以更加合理地控制前进的方向，保持了发展的稳定性与持续性。

2/ 强化人才管理，提升团队竞争力

从管理的角度来说，管理人才最重要的是培养员工的归属感。员工有了归属感才会产生强烈的使命感、荣誉感、危机意识，以及对企业绝对的忠诚度。而想要培养员工的归属感，最重要的是给予足够的激励，包括物质上的激励和精神上的激励。物质激励一般是指高薪酬、高奖金、高分红。精神激励更侧重于情感输出，包括赞美员工、认同员工的能力，分权授权，关心员工的日常生活与工作，以及弹性的工作制度、公平公开的晋升制度，为员工提供良好的工作平台、良好的发展空间和工作机会等。精神激励的核心就是让员工意识到他们的价值得到了认同，让他们意识到自己得到了公司的重视和关怀。

华为公司多年来一直都采取高薪养人、高薪留人的策略，对于人才，任正非和华为向来都不会吝啬，总是会给予丰厚的报酬。相比其他企业，华为公司的薪酬一直处于高水平，甚至要比国外很多科技公司高出不少。而为了进一步留住人才，华为更是大方地将大部分股份分发给员工，实行"工者有其股"的全员持股制度，只要员工表现出色，达到了公司的标准，那么都有机会获得公司的股份。

这一制度的雏形是华为早期的内部融资策略。在华为发展初期，由于缺乏足够的研发资金和运营资金，任正非想到了将股权分给员工的方式，员工可以花钱购买部分股份，这样就可以将员工的利益与公司发展的利益捆绑在一起，还能顺带解决资金匮乏的问题。随着华为的发展壮大，虽然拥有了越来越多的现金流，但是任正非并没有撤销这项制度，而是将其发扬光大，不断减少自己的股份，从而将股份分给更多的员工。

2022年4月4日，上海清算所发布华为分配股利的公告：2022年，华为拟向股东分配股利人民币719.55亿元，同比增加

105.51亿元。截至2022年底，共有14.23万名员工持有华为股份。不仅如此，华为创始人任正非在华为公司的持股比例从2021年的0.84%降至0.73%，而在此之前，任正非的持股比例已经连续下降多年。比如，2018年，任正非的持股比例为1.14%，2019年为1.04%，2020年降为0.90%，2021年和2022年接着下降，这也意味着员工的持股比例在不断上升。

任正非曾经说过："钱分好了，管理的一大半问题就解决了。"对华为来说，把钱分到位是做好管理工作的前提，也是做好人才管理工作的前提，而"工者有其股"的民主分配方式则是解决管理问题的关键。如果说给员工更高的工资和收入，是对公司过去和现在的钱进行分配，那么给员工股份，既是对员工过去工作的肯定，也是将公司未来的钱拿出来分。事实上，只有企业家和员工对公司未来的发展看好，股权才会产生巨大的激励价值。

除了更高的利益分配外，华为公司还一直努力为人才营造更好的工作环境和氛围，虽然华为一直以严明的纪律著称，但是在管理人才方面，却保持了很大的灵活性，并没有将其束缚在传统的框架和模式内。华为愿意给予员工更大的包容，为他们提供更好的成长和发展空间。

20世纪90年代，华为尝试着打造3G技术，可是苦于找不到打通2G到3G的算法，研发进度一直停滞不前。有一次，华为意外发现有个俄罗斯数学家发表的一篇有关数字技术研究的论文，论文的内容谈到了3G技术的一些突破和方向，这让任正非欣喜若狂，于是立即派遣华为的HR远赴俄罗斯去招揽对方。

经过简单的交谈，华为的HR意识到对方才华非凡，于是打算邀请对方加入华为公司。可是这个数学家脾气古怪，对于人情世故一窍不通，他抱怨HR第一次邀约就迟到了10多分钟，还非常愤怒地甩下一句话："没有时间观念的人，我不想合作！"

HR被对方掉得毫无脾气，他连忙解释和道歉，可是对方根本不想搭理，转身就离开了。HR也打算就此放弃，可是任正非下达了死命令："不把这个人带回来，你也别回来了！"HR被逼得毫无办法，只好亲自登门道歉，并且不断展开积极的游说。为了打动对方，他一再抬高年薪，直接给出了200万美元的天价，而这样的报价在20世纪90年代已经算得上是天价年薪了，最起码是市场价的5倍。好在这份丰厚的年薪打动了对方，HR终于不负此次俄罗斯之行。

在招聘到对方之后，新的问题产生了，这个数学家进入华为公司后，一连几年时间都毫无建树，每天不是在电脑上玩游戏，就是拿着笔不知道算些什么东西。有人就去任正非那里抱怨，认为华为公司招收了一个骗子，这个人即便真的有真才实学，也不值这份高薪，更何况对方一直都不服从管教，绩效考核更是次次不达标。他们建议任正非开除他，及时止损。

可是任正非并不认同大家的看法，他觉得天才或多或少都有一些怪异的行为，大家应该包容他、理解他、尊重他，应该尽可能为这样的人创造一个舒适的工作环境，让他安心做数学研究。这种包容使华为得到了回报。某一天，这个数学家找到任正非，轻描淡写地说了一句："找到了打通2G到3G的算法。"任正非听后惊喜不已，立即安排员工测试，事实证明这项技术真的成功了。

华为凭借这项技术领先全球，成功拿下欧洲市场。在这项技术的基础上，华为又陆续找到了打通4G和5G算法的方法。这个时候，运营商的一个基站可以支持多种制式，不同的制式也可以使用同一套基站设备，这极大地降低了运营商的运营成本。

在管理人才方面，华为深知一个道理：管理员工不能仅仅注重正向激励，要将正向激励和负向激励结合起来，通过一系列的惩罚手段来刺激员工保持更强烈的竞争意识，而其中最重要的负向激励措施就是末位淘汰制。按照任正非的话来说，"如果我们不能形成一种有利于优秀人才成长的机制，那么我们必将走在盛极必衰的路上"。

末位淘汰制是华为公司非常重要的一项管理制度，也是华为实现人才更替的一种主要手段。末位竞争淘汰法最早源于通用电气公司的"活力曲线"管理法，通用电气公司的CEO杰克·韦尔奇率先在公司内部采用这一淘汰制度。他先将内部员工分成A、B、C三类，A类代表20%的优秀人才和精英分子，B类代表70%的普通员工，C类则代表10%最差的员工。按照"活力曲线"管理法，C类员工会被公司淘汰。华为后来参考了这套制度，推出了适合自己的末位淘汰制。

按照末位淘汰制的规定，许多公司喜欢设置一条考核分数线，只要过了这条及格线，那么员工的绩效考核就达标了。这种考核模式存在一个很大的弊端，那就是员工的上进心很容易受到限制，他们会认为只要自己刚好过了及格线就好，因此不愿意发挥出全部的实力，而当多数人都拥有这样的心态时，就会严重阻碍企业的进步。相比之下，华为的末位淘汰制强调的5%是一个硬性标准，只要员工在绩效考核中沦为最后的5%，就可能会遭到公司的惩罚。

在这种淘汰机制下，华为员工的潜力得到了充分的挖掘，每个人都努力提升自己，确保自己不会掉队，而这种你追我赶的竞争模式有效提升了队伍的素质和实力，将华为打造成了一支具有强烈竞争意识的团队。

总的来说，华为一方面重视人才的价值，想办法为人才创造良好的条件；另一方面则注重打造内部的竞争氛围，通过淘汰制激发员工的竞争意识，从而更好地引导员工的发展。

3/ 坚持以客户需求为中心

　　2002年，任正非在公司研委会的会议上对华为员工说："如果死抱着一定要做世界上最先进的产品的理想，我们就饿死了，成为凡·高的'向日葵'。我们的结构调整要完全以商业为导向，而不能以技术为导向，在评价体系中同样一定要以商业为导向。"

　　至于如何做到"以商业为导向"，华为公司内部仍旧存在一定的疑惑，强调商业不就是赚钱吗？不就是将产品卖给客户吗？但如何才能更好地将产品卖出去，如何保证自己的产品正是客户所需要的呢？对于一家强调技术研发的企业来说，多年来形成的商业习惯很容易让自身忽视这些问题。

最初的时候，华为认为以商业为导向，就要坚持为客户提供最优质的服务。华为在出售产品、开拓市场的时候，打造了一套非常完善的服务体系，良好的服务态度、极致的服务效率，让客户都忍不住称赞。最明显的一点，就是华为在国内偏远地区以及国外一些欠发达地区总是可以保证服务的效率，只要客户有需求，华为就会第一时间派遣相关人员当场解决问题。无论是严寒酷暑，还是节假日，抑或是地震洪灾，华为总能竭诚服务客户。

华为真正做到了替客户着想，真正做到了为客户提供最优质、最贴心的服务，但是那个阶段的华为仍旧处于"以技术为主导"的商业模式中。华为对于新技术的探索，对于新产品的研发，仍旧停留在主观评估的层面，而没有按照市场真正的需求来落实，这导致华为的生产与营销相互脱节，影响了客户的体验。在国内市场，这个问题被快速发展的势头给掩盖了，而到了国际市场，客户对企业、对产品更加挑剔，此时相关的问题也就慢慢浮现出来。

2006年8月，华为正在竞标苏丹首都喀土穆的一个重要项目，当时华为公司对苏丹的移动通信网络建设项目是志在必得，负责苏丹市场的团队坚信自己可以利用技术优势、价格优势赢得苏丹客户的信任。正当大家满怀信心的时候，却传来了竞标失利的消息。当时苏丹天气恶劣，室外温度接近50℃，大家在热浪中几乎晕厥，然而，相比高温天气，失利的消息给整个团队带来的负面影响更大。

一连好几天，大家都不怎么说话，每个人都垂头丧气。不服输的华为人为了弄清楚究竟是哪个环节出现了问题，没日没夜地聚在房间里进行复盘。经过几天的讨论和分析，大家终于找出了最大的问题所在，原来是华为海外部的组织与客户的组织并不匹配，包括苏丹团队在内的公司海外员工，还在按照国内的那一套传统模式运作。在传统运作模式中，客户线、交付线、产品线的管理者与工作人员，只关注自己的分内工作，而缺乏相互配合的意识，这就造成了一种分裂的局面：客户线不知道如何按时交付产品，交付线根本不了解客户有什么需求，生产线只关心产品的报价，而不了解产品的交付情况，也不清楚客户对产品有什么要求，产品究竟出现了什么问题。

华为在苏丹市场的失利，正是三条工作线的管理者缺乏合作意识的缘故。很明显，华为海外部的客户服务系统存在很大的漏洞，而这样的漏洞在其他海外市场同样存在，也同样会引发类似于苏丹市场的问题。为了解决问题，华为在苏丹的团队立即着手进行改革。2006年底，苏丹代表处直接任命三位负责人组成一个客户系统部的核心管理团队，其中一人统一负责客户关系，一人负责产品交付，另外一人负责产品与解决方案，三个人各司其职又相互配合。在面对客户的时候，三个人顺利实现接口归一化，尽可能做厚客户界面，打造一个由客户经理、解决方案专家、交付专家组建的"铁三角"工作小组。按照这种组织模式，华为海外部可以在第一时间了解客户的基本需求，对产品的研发生产和交付做出针对性调整，也便于更好地回款。

有一次，任正非前往利比亚访问，并听取了北非地区部的汇报。他当时对这种工作模式非常感兴趣，认为这种模式可以及时了解客户需求，并为客户提供良好的服务，于是让相关的团队进行改良，并在整个公司推广。这个时候，华为开始真正从"以技术为中心"向"以客户为中心"转变。

随着"铁三角"制度的推广运用，这一工作模式和组织模式也在实践中不断完善和优化，华为开始努力将整个运作体系打造成一个客户服务体系。这个客户服务体系与之前的客户服务部门不同，也和其他企业的客服部门不一样，它不再将客户服务工作当成客服部门独有的工作，而是转变思维，将整个客户服务工作融入企业运作体系中。也就是说，整个公司都必须围绕着客户的需求来转，都必须为客户提供必要的服务。而想要做到这一点，就要做好内部的沟通和分享工作。为此，华为构建了一个内部分享机制，公司内的每一个部门、每一个人，都可以在相关的信息共享平台上发布信息、接收信息，大家可以通过平台实现资源共享、信息共享、人员共享，只要有人接待了客户，其他部门就会全力配合，为相应的服务工作提供各种支持。

华为公司内部设置了电子流服务系统。某个部门在服务客户时如果需要获得帮助，就可以直接通过公司内部的电子流提出相关的申请或者要求，其他部门或者其他员工收到申请后，会立即针对客户的需求提供相应的服务或者相关的建议，尽可能为接待客户的那个部门提供帮助。

为了更好地维护客户关系，为客户提供周到的服务，华为曾经提出了"一五一工程"：一支队伍、五个手段、一个资料库。其中，"五个手段"指的是"参观公司、参观样板店、现场会、技术交流、管理和经营研究"。按照公司的指示，任何与客户有关的工作，公司内部的其他部门必须积极参与进来，共同完成客户服务工作。

为了打造更具效率的客户服务体系，华为还对企业组织进行了变革。2009年，任正非发表了《让听得见炮声的人做决策》的讲话，并强调：应该让听得见炮声的人来做决策。后方配备的先进设备、优质资源，应该在前线一发现目标和机会时就能及时发挥作用，提供有效的支持，而不是由拥有资源的人来指挥战争、拥兵自重。应该让听得见炮声的人来决策。

在这之后，决策权开始向一线倾斜，这样可以确保企业在第一时间了解客户需要什么，并迅速提供必要的支持。

"一切以客户为中心"成为华为企业文化的一部分，成了推动华为向前发展的重要动力。公司的技术研发和产品销售工作都是以客户需求为导向来推进的，公司将客户当成最重要的发展资源。

有一次，摩根士丹利首席经济学家斯蒂芬·罗奇率领一个很大的投资团队访问华为总部。对华为来说，有幸与这样的投资团队交流，对华为品牌影响力的提升很有帮助，对以后华为想要进一步开拓国际市场也是有好处的。可正当大家猜测华为将会以何种高规格来接待这个投资团队时，任正非却没有与他们会面。斯蒂芬·罗奇对此非常失望，直言不讳地表示任正非拒绝了一个3万亿美元的团队。事后，有人询问任正非是否后悔，任正非就像没有事情发生一样，很淡定地说："他罗奇又不是客户，我为什么要见他？如果是客户的话，最小的我都会见。他带来机构投资者跟我有什么关系呀？我是卖设备的，就要找到买设备的人……"

很显然，对于任正非来说，客户才是华为最重要的服务对象，才是华为的天。"以客户为中心"就是公司的核心价值观，这一点在任何时候都不会发生改变。

4/华为的危机管理

2000年，全球互联网开始进入漫漫寒冬，任正非发表了《华为的冬天》，这让华为的危机管理第一次进入大众的视野。在这篇文章的开头，任正非满怀忧虑地说道："公司所有员工是否考虑过，如果有一天，公司销售额下滑、利润下滑甚至破产，我们怎么办？我们公司的太平时间太长了，在和平时期升的官太多了，这也许就是我们的灾难。泰坦尼克号也是在一片欢呼声中出的海。而且我相信，这一天一定会到来。面对这样的未来，我们怎样来处理？我们是不是思考过？好多员工盲目自豪，盲目乐观，如果想过的人太少，也许就快来临了。居安思危，不是危言耸听。"

2004年，互联网的寒冬基本上褪去，华为却仍旧保持警惕，在第三季度的内部讲话中，任正非第二次提到了华为的冬天，并强调华为需要认真应对即将到来的危机。其中他重点谈到了公司必须赢得产品质量、服务和成本的竞争，确保能够"活下去"。

2008年，全球金融危机爆发，很多行业都受到了波及。面对严峻的外部环境和发展形势，任正非再次发出了警告，呼吁华为公司要对当前市场环境的艰难性、残酷性做好充分的心理准备。由于大量的公司在金融危机中快速衰退甚至直接破产，任正非号召所有人保持强烈的竞争意识，公司要为可能出现的业绩下滑做好充分的准备。不仅如此，任正非对接下来的两年时间也表达了自己的担忧，他认为接下来的两年，整个市场会因为受到金融危机的影响而变得萎靡不振，甚至加重风险。

2014年，任正非针对企业内部出现的一些过于乐观的情绪，再次谈到了危机意识存在的必要性，他在企业业务座谈会上说道："我并不指望企业业务迅猛地发展，你们提口号要超越谁，我不感兴趣。我觉得谁也不需要超，就是要超过自己的肚皮，一定要吃饱。你现在肚皮都没有吃饱，你怎么超越别人？我认为企业业务不需要追求立刻做大做强，还是要做扎实，赚到钱，谁活到最后，谁活得最好。华为在这个世界上并不是什么了不起的公司，其实就是我们坚持活下来，别人死了，我们就强大了。所以现在我还是认为不要盲目做大，盲目铺开，要聚焦在少量有价值的客户、少量有竞争力的产品上，在这几个点上形成突破。"

2018年，华为的终端业务发展迅速，华为手机成为行业内不可忽视的力量。但过快的发展引发了任正非的担忧，他觉得公司内部存在一些盲目求快的现象，并担心这种情况会直接导致华为终端业务忽略掉潜在的风险。为了避免华为终端业务发展节奏的稳定性被打乱，他直接将业务负责人余承东叫到办公室，反复强调一句话："要警惕仁川登陆。"在任正非看来，华为消费者业务部门一直都是公司的"压舱石"和"牡丹江"，但是大家往往最容易忽视掉这个部门遭遇的困难。

2019年11月5日，在接受《华尔街日报》采访时，任正非忧心忡忡地说道："华为公司前十几年完全是风雨飘摇，就如蜡烛火一样摇摇晃晃快要熄灭的那种感觉，天天处在危机和生存挣扎状态，大多数人都是没有信心的。我没有退路，没有信心也要有信心。还有一些傻傻的人跟着我们，相信我跟他们讲的话，以为真能够实现。大家都相信，抱成一团，果然实现了。今天很多人很有钱，不是投机，而是太傻了跟着跑，没有离开。"

2022年8月22日下午，华为内部论坛上发表了一篇题为《整个公司的经营方针要从追求规模转向追求利润和现金流》的文章，在文章中，任正非重点提到三方面：一、未来10年会是一个非常痛苦的历史时期，考虑到全球经济会持续衰退，华为必须坚持以现金流和利润为中心，保持资金的充裕；二、在业务层面，要收紧业务投资，避免盲目投资，放弃部分不能盈利的业务；三、在生存危机点上，华为可以不惜代价投入，夯实责任，确保寒气可以传递到每个人身上。

任正非喊了二十几年的"华为危机"，但华为似乎并没有遭到什么重大的打击，更没有到要倒闭破产的境地，结果许多人认为任正非不过是在小题大做。他们对任正非所谈论的这些危机并没有很深刻的印象，甚至可能都没有直观感受到有什么危机。他们觉得，如果说发展初期的华为因为实力偏弱，容易被市场淘汰，那么如今作为通信领域的领头羊，华为公司的硬实力和软实力都足够应对强大的风险，在短时间内根本不会被外界的环境变化所影响。

与外界的乐观相比，任正非更为谨慎，也更具战略眼光和危机感。他在行业中奋斗多年，对风险的敏感度自然要比普通人高很多，对于危机的判断能力也更强。他认为互联网技术与信息技术的快速发展使得很多创业者产生了过于乐观的情绪，也导致行业竞争冲突加剧。很多企业在进行行业规划的时候，往往处于一种失衡的、盲目的、野蛮生长的状态，行业风口的出现必然会引发盲目入行的情况，大量企业同时涌入某个行业，然后大批量消亡。

市场对于新技术、新业务的需求始终处于不断进化的过程中，这样就导致企业的创新压力、发展压力越来越大。比如，著名的咨询顾问公司埃森哲曾对创新公司进行长时间的调查研究，公司里的顾问拉里·唐斯和保罗·纽恩斯经过多年的调研，发现了一个现象：很多创新公司在推出一款爆品之后，往往会因为陷入创新瓶颈而快速走向衰退，缺乏持续创新的能力是这些公司快速陨落的关键。

拉里·唐斯和保罗·纽恩斯认为，创新技术和理念对市场的渗透能力很强，可是在竞争激烈的市场上，人们对创新的需求只会越来越高，产品和服务的升级速度也被迫变得越来越快。这种快节奏的发展模式往往会超出创新公司的控制能力，一旦这些公司无法推出新的产品和服务，就会因为无法迎合市场而快速消失。

　　互联网行业更新换代的速度很快，而通信行业更是如此。通信本身就是发展难度最大的行业，行业内的技术更迭速度很快，企业面临的竞争压力非同寻常，如果没有强大的实力、敏锐的洞察力，以及坚持不懈的意志力，是很难在复杂的市场环境中生存下去的。因此，任正非一直强调企业的首要任务就是"活下去"。

　　多年来，华为一直保持强烈的危机意识，提早为可能出现的危机做好准备。华为在激烈的竞争环境中生存下来了，而那些同时代的竞争对手，那些之前比华为更加出色的企业，都一个个倒下，成为华为成长过程中的陪衬。

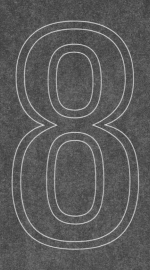

>> **第八章**

成为改变游戏规则的那一个

1/ 通信设备制造领域的第一

    多年来，华为一直坚守在通信领域，并没有想过要在其他产业上开拓业务，变成一家多元化的公司。对于华为来说，难的并不是企业是否可以挣到大钱，而是企业是否能够在某一领域做大做强，实现基业长青。纵观整个商业发展史，那些真正可以实现基业长青的企业并不是因为它们的业务范围有多么广，也不是因为它们的行业跨度有多么大，而是在某一行业和领域精耕细作。

任正非曾多次去日本考察，对日本的工匠精神和务实态度非常欣赏。日本存在很多百年企业，这些企业有的规模很大，有的规模很小，但无一例外都做到了各自领域的领先位置。在几十年甚至几百年的时间里，它们只专注做一件事，只专注于某一个领域的项目，不会片面追求多元化发展，不会盲目逐利。而正是这种坚守使得它们成为行业内的领先者和领导者。任正非期待华为也能活得更久一些，成为行业内的领导者，所以多年来他始终严格掌控华为的发展模式，不被多元化的扩张模式绑架。

在过去的30多年时间里，任正非只做了一件事，那就是坚持打造和经营华为这一家公司，而且只坚持做一个产业——ICT（信息与通信技术）。从最初的年营业额几十万元，到年营业额几千亿元；从最初几十人的队伍，到如今十几万人的规模，华为一步一个脚印走过来，始终不改初衷，不偏离自己的发展方向，志在成为世界一流企业。

在发展过程中，华为遭遇过多次危机，也曾遇到过很多好的挣钱机会，如炒股、炒房、做电商。但华为每一次都经受住了巨大的利益诱惑，无论外界环境怎么变化，华为始终坚持做自己的行业，始终坚守自己最擅长的业务。

任正非曾经说过："五千年后，如果还有人想吃豆腐，就总会有人去磨豆腐的。我强调的是，我们为信息互联的管道做'铁皮'，这个世界能做'铁皮'的公司已经只有两三家了，我们也处在优势，不要老羡慕别人。现在我们很多的员工，一提起互联网，就不断地说：'我们不是互联网公司，我们一定要失败。'他们没有看到，能做太平洋这么粗管道'铁皮'的公司已经没几家了，我们一定是胜利者。所以要坚定一个信心，华为是不是互联网公司并不重要，华为的精神是不是互联网精神也不重要，这种精神能否使我们活下去，才是最重要的。乌龟就是坚定不移往前走，不要纠结、不要攀附，坚信自己的价值观，坚持合理的发展，别隔山羡慕那山的花。"

很多企业都曾希望通过多元化的道路来拓展业务，提升企业的盈利能力，但是任正非并不认为企业都适合执行多元化战略，他极力反对华为走多元化的道路。集中资源办大事，集中资源进攻一个城墙，这是华为生存和发展的根本保障。盲目多元化，通过其他业务来挣钱，可能会分散企业的资源，导致无法集中在一个点上发力，使华为丧失在通信领域的领先优势。

除了坚守最擅长的业务外，华为的成功还离不开脚踏实地的作风。相比很多企业的狂飙突进，华为的每一步都走得踏实、稳重，即便是在华为发展速度最快的年代，任正非也一直强调发展的稳定性。他始终认为企业应该先打好基础，一步一个脚印去发展，不能盲目追求速度和高端产业的布局，企业的成长需要一个过程，基础没打好，所谓的高端布局就会成为空谈。

任正非有一次去越南考察，发现当地存在一个很奇特的现象，那就是越南的工厂建造得非常漂亮，企业内部的设备也很先进，看上去就像高科技公司一样。越南政府为了发展经济，大力发展高端产业，吸引世界各地的大公司前来投资，而越南的本土企业也趁着东风走上高速发展的通道，幻想着有朝一日也可以打造高端产业集群。但现实的情况是，现代化的工厂建设与周边的配套设施格格不入，越南各个地方的城市基础建设非常糟糕，缺水缺电是常态，工人素质普遍较低，其他的产业配套明显跟不上脚步，这些都在严重制约越南企业和越南经济的发展。任正非突然意识到越南企业无法做大做强是有原因的：盲目求快，而不注重夯实基础，导致企业头重脚轻，根本没有风险抵抗能力和市场竞争力。因此越南每年都会有一大批企业倒闭，这极大地浪费了资源。

相比之下，任正非一直要求华为控制好步伐和节奏，不能盲目追求市场规模和营业额，不能将追逐利润当成最重要的目标，因为过度看重市场规模和利润，容易让华为陷入低效发展的陷阱。当华为一步步走向世界，成长为最优秀的通信企业之一时，外界对华为的期待越来越高，华为什么时候上市也成为大家热议的话题。在外界看来，一家企业想要真正成长为世界级的大公司，比如苹果、三星、谷歌那样的巨无霸，就需要上市，通过资本运作来实现进一步的发展。

有人曾经问华为公司轮值CEO郭平：华为究竟什么时候上市？当时，郭平风趣地回答说："1000年以后。"这虽然只是一句玩笑话，但表明了华为的基本态度，那就是短期内不会上市。相比郭平的玩笑话，任正非曾经表态，华为公司在未来的五六十年内可能不会上市，他认为华为上市的时机还不成熟。华为的战略目标并不是上市，华为一直都坚持"不在非战略机会点上消耗战略竞争力量"，企业上市需要大量的资源支持，会消耗很多的时间和精力，上市之后还要受到股东决策的影响，这些都不利于华为之后的发展，至少华为公司目前还不具备处理这些事情的能力。

上市固然会带来很大的资本体量，帮助华为迅速拓展业务，提升市值。考虑到华为当前的发展规模，上市之后，或许可以让华为变成行业中的巨无霸，市值或许会达到苹果公司、三星公司、谷歌公司那样的规模，但任正非说："虚拟经济是实体经济的工具，我们不能把工具变成目的。我们用锄头去种地，不能说我有好多把锄头就不种地了，那锄头有什么用呢？锄头就是工具，拿来种地的嘛。如果我们啥也不种，就没有创造直接价值，锄头就永远没有意义。虚拟经济不是目的，如果我们把虚拟经济变成目的了，迟早会有一些挫折。"

既然如此，华为还不如坚持既定战略慢慢前进。

2010年，华为已经成长为全球第二大通信设备供应商，那个时候，排在第一位的是爱立信。到了2013年，华为超越爱立信，成为全球第一大通信设备供应商。在当年的《财富》杂志世界500强榜单上，华为位列第315位。

世界知名的金融信息提供商HIS Markit曾发布过一组数据：2017年，华为在全世界移动基础设施市场份额中占比28%，排名第一；爱立信的市场份额是27%，排名第二；诺基亚的市场份额为22%，排名第三。同样是2017年，全世界电信运营商外包市场收入达到了670亿美元，排在第一位的外包商还是华为，占比是27%；排在第二位的爱立信，市场份额只有16%。从这一刻开始，华为真正站到了世界之巅。

2/ 智能手机时代的搅局者

2014年，华为发布了第一款高端旗舰机型——华为Mate 7，这也是中国第一款自主研发的高端手机。Mate 7集合了华为最先进的手机技术，一经面世就获得了消费者的青睐，最终取得700万销量的好成绩。华为原本只是将Mate 7当成一款实验性的产品，目的是看看市场的反应，不曾想到一出手就赢得了市场的认同。信心倍增的华为又推出了几款高端手机，包括P9、Mate 9、P10等。这些高端手机性能出众，质量很好，价格相比市场同类型产品也不低，可以说华为手机在产品性能、质量和价格上都达到了高端手机的水准。

就在大家觉得华为公司的手机业务会直接走高端路线时，华为却并没有一味在高端手机领域发力，而是采取了更稳妥的策略：一手抓中高端市场，一手抓低端市场。2016年上半年，华为就一次性确立了三个不同档次的手机，其中低端产品线主要是199美元以下的G系列、Y系列和荣耀系列；中端产品线基本上是价格为199—399美元的G+系列和荣耀高端系列；高端产品线则是399美元以上的Mate系列和P系列。当时许多人都觉得华为如今在智能机领域有技术、有市场、有品牌知名度，加上它在通信方面的技术积累，完全可以在智能机领域走高端路线，就像苹果公司那样。至于低端机，不仅会降低华为手机的品牌影响力，而且利润很低，基本上没有太大的意义。

面对外界的质疑，任正非解释说："我们现在是针尖战略，聚焦全力往前攻，我很担心一点，脑袋钻进去了，屁股还露在外面。如果让别人占据了低端产品市场，有可能就培育了潜在的竞争对手，将来高端市场也会受到影响。华为就是从低端聚集了能量，才进入高端的。别人为什么不能重复走我们的道路呢？"任正非的担忧不是没有道理，华为最开始就是从低端机做起的，如今不能因为发布了几款高端机，在高端机领域获得了一些成绩，就变得骄傲自大，目空一切。在华为手机还没有真正建立起高端品牌形象，对市场产生绝对的影响力时，华为不能掉以轻心，过于自信。

无论是做交换机，还是做手机，华为都是从低端市场一步步成长起来的。从某种意义上来说，低端市场就是华为发展的基本保障。低端市场是一个重要的阵地，虽然很多大企业、大品牌看不上低端市场的收益，但对华为来说，低端市场是进可攻、退可守的地方。举一个简单的例子，当华为在高端市场走不通时，还可以坚守低端市场，虽然利润少了一些，但是只要坚守这块阵地，华为就有机会继续影响市场格局。此外，坚守低端市场，掌控更多的低端市场份额，可以有效压制那些试图进入市场挑战华为地位的新对手，只要在低端市场继续保持领导力，其他新的对手就没有太多的生存空间和成长空间。

华为公司一直强调发展的平衡性，高中低端手机市场同时发力就是一种有效的平衡，这样可以确保华为在整个智能机市场获得更多的生存优势。谈到华为的手机业务，不得不提一个重要的人物：余承东。1993年，尚在清华大学读研究生的余承东，利用某次去深圳做项目的机会，偶然加入了华为，当时的华为还是一个200多人的小企业，公司也正在筹谋开发自己的程控交换机，毕业于自动控制系的余承东很快受到公司的重用。

余承东最早是华为公司内部的一名基层工程师，有一次，他主动向任正非请缨，进军无线通信业务。任正非同意了他的申请，华为很快成立无线业务部，余承东则带领团队进行技术攻坚。当时，主流国际标准GSM已制定完毕，爱立信、诺基亚、西门子等公司几乎掌控了全部专利，华为想在2G时代突围，难度很大，一切都必须从零开始。但就是在这样的大环境下，余承东带领团队历经多年的艰苦奋斗，终于在1997年推出了华为的主力GSM产品。之后，团队再接再厉，在3G领域有了很大的突破。1998年，华为得以参与制定3G国际标准，成为标准制定组织成员和主要贡献者之一。

在余承东的带领下，华为的GSM产品从国内市场突围到国际市场。2006年，华为的GSM产品取得了50亿美元的销售额，位列世界第三。不满足的余承东将目光锁定在了第四代基站上，最终带领团队攻克技术难关，拿下了欧洲市场份额第一的宝座。

由于能力出众，余承东先后被提拔为无线产品线技术销售副总裁、无线产品线副总裁、无线产品线总裁。2006年，他被任命为终端产品线总裁，开始负责华为公司的手机业务。

2011年，小米手机上市，引领了国产手机品牌自主研发的浪潮，而当时的华为还在给运营商做手机贴牌业务，都是一些低端智能机和非智能机，机型老旧，性能不佳，利润薄。余承东临危受命，打算进行改革。

2012年，余承东做了一个大胆的决定，直接将运营商渠道定制或者捆绑的路线给砍掉，要知道仅此一项，就会让华为失去3000万台低端定制机的生意。2011年，华为公司手机销量的65%都是通过运营商渠道定制或捆绑实现的。余承东认为大量的低端定制机会严重影响华为的品牌，同时阻碍华为向高端品牌进发的脚步，于是忍痛割爱，果断砍掉运营商渠道。为了推动品牌变革，2012年，余承东直接推出2999元价位的智能手机P1，之后又推出标价3999元的D1，希望通过这两款产品来冲击中高端市场，但是华为此前给人的印象就是做低端机的，大家都不认可华为的新手机，这一次的尝试以失败告终。

由于砍掉了定制机业务，再加上新手机销量不理想，导致2012年华为手机的全球销量只有区区2900万，此时华为内部开始有不少人要求余承东卸任，但是任正非非常欣赏余承东的能力和魄力，直接否决了大家的提议，并且明确告诉所有人："不支持余承东的工作就是不支持我。"

余承东为了不让自己的工作受到干扰，直接在媒体面前表态："华为要在三年之内成为世界领先手机终端厂商。"而且强调华为手机的"销售目标会一年翻三倍"，这一系列让人吃惊的口号引发了热议，不少人都等着看他笑话。可是了解他的人都知道，余承东有实力去兑现自己的承诺。工作中的余承东总是能够爆发出巨大的能量，不仅拥有明确的战略规划，还是一个技术狂、工作狂和完美主义者，这些特质恰恰是成功者不可或缺的。

据说，为了拿出最好的产品，他曾逼着在智能机领域经验为零的技术团队直接去对标三星的GALAXY团队，不仅技术上要对标，细节刻画上也要对标。比如，在研发P7的时候，敏锐的余承东从一个员工所做的Demo汇报中发现了一个重要的消息，当时海思芯片底层做了一个低延时环回通路，这个通路的运行时间不超过50毫秒，可以确保手机实现实时耳返。余承东听了很感兴趣，立即要求研发团队必须将这一功能运用在P7上，即便P7发布会召开在即，余承东仍旧要求音频团队加班加点加入这项功能。

正是在这种高压态势下，余承东带领团队攻克了一个又一个技术难题，实现了自己在媒体面前"夸下的海口"。华为逐渐在国内市场成为智能机领域的领头羊，在国际市场也变得更具竞争力。2015年，华为手机全球出货量达到了1.08亿部，进入世界手机销售榜单的前五。2016年，华为手机全球出货量达到了1.39亿部，位居世界第三。2017年，华为手机全球出货量为1.53亿部，位居世界第三。2018年，华为手机全球出货量为

2.08亿部，继续位列第三；而在中国市场，华为手机卖出1.05亿部，占据了中国市场26.4%的市场份额，成为中国市场的销量冠军。

从这个时候开始，华为手机开始成为国际市场上不可忽视的力量。

3/ 掌控 5G 领域的话语权

1979年，日本正式发布了第一代无线通信技术标准，这是一款以模拟技术为基础的无线蜂窝电话通信系统，即所谓的1G网络。1984年，日本电报电话公司在日本推广1G无线标准，从而开启了移动通信时代，对整个社会的发展产生了深远的影响。但是1G网络保密性不强，系统容量有限，无法传输数据，只能传播语音流量，根本无法上网。

1991年，2G技术开始投入商业运营。2G网络是指第二代无线蜂窝电话通信协议，以无线通信数字化为代表，能够进行窄带数据通信，为移动设备提供数据服务，SMS文本消息和数字加密对话都支持。在2G时代，GSM成为最广泛采用的移动通信制式。

2000年5月，国际电信联盟正式公布了第三代移动通信标准，这就是3G。3G在2G的基础上发展了高带宽的数据通信，有效提高了语音通话安全性。3G网络的传播速度比2G快不少，可以较好地满足手机上网的需求，但基本上局限于文字信息、语音信息，以及一些图片信息。想要播放高清视频，速度还是有些慢。需要注意的是，中国虽然没有赶上1G和2G网络，但是华为公司参与制定了3G网络的标准，中国的TD-SCDMA成了国际标准之一。

2009年12月14日，桑内拉电信在奥斯陆和瑞典斯德哥尔摩开通了世界第一张商用4G LTE网络，以便为用户提供数据连接服务，用户必须使用上网卡才能享受服务。2010年则是海外主流运营商规模建设4G的元年，很多国家都开始在4G领域部署和发力，之后的三四年时间，世界各国开始发放4G牌照。2013年12月4日下午，工业和信息化部正式发放4G牌照，我国通信行业进入4G时代。4G是第四代移动通信技术的简称，它的网速大约是3G的20倍。

4G技术的发展满足了人类通信的需求，也带动了社会的发展，但是它仍旧属于单一的无线连接技术，并不是真正意义上的融合网络。想要打造一个强大的、高效的物联网，还需要更高级别的网络，即5G。

在十几年前，很多大公司还沉浸在4G的技术红利中时，华为就预料到5G技术对未来生活的改变，于是提前布局，投入大量资金开展5G技术的研发工作。当时的市场还是以4G为主，不少人觉得4G技术已经足够应对不同生活场景下的网络需求了。至于5G技术，也许20年后才会出现，既然如此，大部分企业觉得不如花费更多精力和资源进行4G网络的开发和利用。任正非并不这么看，他深知通信行业的技术变革非常快，如果公司不能持续进步，不能保持对新技术的追求，那么可能很快就会被竞争对手赶超。考虑到华为在4G网络上的盈利已经很不错了，不妨将利润投入5G技术的开发，这样可以在盈利与发展之间找到一个平衡。

华为的战略部署很快获得了回报。2009年，华为的数学家在IEEE期刊上偶然发现了一篇长达20多页的论文，论文的作者是一名叫埃达尔·阿里坎的土耳其数学家。埃达尔·阿里坎出生在土耳其首都安卡拉，毕业于美国加州理工学院，在麻省理工学院拿到了博士学位。1987年，阿里坎回国任教，同时开始潜心研究通信技术，并有了很大的突破。2009年，阿里坎整合了自己多年的研究成果，提出了一套极化码技术方案，并编写在论文中。

那么什么是极化码技术呢？想要了解这一理论，首先要了解香农极限。美国信息论创始人香农在1984年提出了一个理论：在有限带宽、有噪声的通信通道中，存在一个极限传输速率。也就是说，每个通信通道都存在一种传输信息的速度限制，香农认为任何一种编码都无法突破这个信息传输极限。

阿里坎对香农的这个理论非常感兴趣，花费了大量时间和精力研究破局的方法，不过他始终无法参透其中的悖论，即通信通道中的噪声量越大，就需要更多的冗余来保护信息，可是当冗余增加时，信息的传输速率就会变慢。阿里坎试图找到解决问题的方法，在噪声量控制和信息传输速率上做一个更完美的平衡，确保找到一个可以最快的速度实现信息准确传输的方法。

在那之后，阿里坎不断探索，不断试验，终于创建了一个近乎完美的通道。阿里坎巧妙地设计了一个信息转移通道，当信息传输速率增加时，噪声直接从一个通道转移到同一通道的副本中，并且会创建出一个更干净和更脏的副本。之后经过一系列递归步骤，阿里坎顺利得到了两组信道，其中一组噪声很大，另一组几乎无噪声，这个没有噪声的通道就解决了信息传输速率太快导致噪声很大的问题。

这就是阿里坎的极化码技术，是突破香农极限的利器。华为在发现阿里坎的这篇论文后如获至宝，认为它是打开5G技术的钥匙，华为想要在5G领域保持领先优势，就必须从阿里坎的研究成果中找到方法。华为很快联系了阿里坎本人，在相关技术上申请了一批专利，并在极化码基础上进行专利封锁。不过，阿里坎的极化码并不是唯一的5G方案，因为美国的高通公司拿出了另一套方案：低密度奇偶校验（LDPC）码。这是一种实时纠正错误的高速方法，而提出这一方案的正是阿里坎在麻省理工学院上学时的博士生导师加拉格，加拉格早年也曾研究过香农极限，并且取得了不错的成就，阿里坎当初就是通过研究他的成果来了解香农理论的。

极化码与LDPC码并不存在孰优孰劣的问题，关于使用哪一种方案，国际上也存在很大的争论，最后大家采取了这种方案：LDPC码成为数据信道的编码方案，极化码成为控制信道的编码方案。

当时，包括美国在内的很多西方国家选择将毫米波作为标准波进行研发时，华为却非常看好厘米波，并将其作为标准波。

任正非认为毫米波虽然拥有更宽的带宽，传输速度更快，但穿透能力差，技术难度较大，企业想要完善这项技术，需要花费更多的资金、时间和精力。美国一开始是打算研发位于高频区的毫米波的，但是毫米波穿透力较差，需要安装更多的基站，而基站建设恰恰是美国的弱项。当时美国政府算过一笔账，想要在境内全面覆盖5G，需要至少1300万座基站。这是一项大工程，耗时耗力，还要耗费大量资金。于是美国政府决定研发低频区的厘米波，可是美国国内的低频区基本被美军垄断了，军方只愿意分享一部分商用。面对这样的情况，美国政府很快陷入不上不下的尴尬局面，从而影响了5G商用的速度。

因此，华为的5G技术很快达到世界领先水平，在商用方面也占据了领先位置。华为轮值主席徐直军曾对华为2018年的发展做了简单的总结：华为和全球领先运营商签订了26个5G商用合同，还建造了10000多个5G基站。如此好的一份成绩单，足以让华为在通信领域继续傲视群雄。2018年7月26日，华为为阿里坎颁奖，以表彰他对5G发展做出的巨大功绩。

4/ 华为的数字化与智能化之路

华为在依靠5G技术继续保持通信领域的领先位置的同时，科研技术全面开花，在云计算、量子计算和人工智能领域也取得了不错的成绩。

云计算是谷歌公司在2008年率先提出来的。这是一种按使用量付费的模式，这种模式提供可用的、便捷的、按需的网络访问，进入可配置的计算资源共享池（资源包括网络、服务器、存储、应用软件、服务）。这些资源被快速提供，只需投入较少的管理工作，或与服务供应商进行很少的交互。云计算以互联网为基础服务，拥有强大的计算能力，可以模拟各种场景下的事物发展趋势和变化形态，像气候的变化、经济发展的趋势、市场变化的趋势，都可以通过云计算进行模拟，可以说是一种非常实用的信息处理技术。

华为认为未来世界的信息会越来越多，只有尽早构建海量数据信息处理系统，高效地收集、整理和分析相关的信息数据，才能发现更多的价值点，所以华为很早就开始着手推进云计算的研发工作了。2014年，一款名为"FusionInsight"的大数据平台产品正式出现，利用这个平台，华为可以为不同厂家提供硬件资源池的融合、计算、存储、网络架构融合、固定移动融合的云接入服务，同时帮助企业和服务供应商建立和管理私有云、公共云及混合云中的各项服务。

2015年7月，华为正式宣布进军企业云产业。2016年5月，全球著名的电子信息产业分析公司弗雷斯特（Forrester）出具了一份名为《简讯：中国云飘来欧洲》（Brief：China's Clouds Come To Europe）的报告，报告介绍和分析了华为的云服务系统，同时向欧洲推荐了这套云服务，华为的云服务很快进入欧洲，并被欧洲市场认可。

2016年，华为存储市场份额在全球市场排名第七，增长率更是全球第一，其中中国市场收入第一。著名的高德纳（Gartner）咨询公司在2016年的一份报告中，把华为定义为行业领导者，认为华为是高端存储的主流"玩家"。这一年，华为云计算开始迅速在全世界一百多个国家拓展业务，为政府和公共事业、电信、能源、金融、交通、医疗、教育、广电、媒资、制造业等主流行业提供高质量的服务。

云计算的快速发展为华为的数字化转型之路奠定了良好的基础，为华为的全球业务拓展提供了很大的助力。

与此同时，华为开始在量子计算领域和人工智能领域发力。量子计算和人工智能都是引领变革的战略性技术，在不久的将来会成为推动经济社会发展的新引擎。华为作为一家科技公司，自然不愿意放过这样的机会，会尽可能保证自己不会在量子计算领域和人工智能领域掉队。

2018年初，华为公布了量子计算领域的最新进展：由HiQ量子计算模拟器与HiQ量子编程框架两个部分组成的云服务平台。这款模拟全振幅42量子比特以上，单振幅81量子比特以上的模拟器功能非常强大，首次集成纠错量子电路模拟，实现了数万量级量子比特的纠错电路模拟。世界上也有同类型的模拟器，但是华为模拟器的功能比它们要强5—15倍。

华为发布的模拟器是一个使能平台（应用支撑平台），可以为量子计算提供一个硬件环境保障。不仅如此，它还具备广泛的应用前景，未来可以成为华为新的产业盈利点。

在人工智能方面，华为不断尝试着研发新的人工智能技术，并将其运用到工作中。比如，华为以前在规划站点的时候，一个工程师一天只能规划4个站点，而每一个站点想要正常运行，往往需要配置几千个参数。工程师不得不搭建复杂的环境反复验证，工作非常复杂且难度很大，一旦参数设置出错，就会导致整个网络瘫痪。运用了人工智能技术之后，一个工程师一天就可以轻松规划1200个站点，参数设置也不会出现问题。

除此之外，华为的人工智能技术已经运用到手机和智能驾驶领域，尤其是智能驾驶技术的发展，为华为在汽车行业的商业布局提供了巨大的帮助。

人工智能的便捷和高效是华为看好它的一个重要原因。在站点规划、产品研发、网络设计和控制方面，华为不断探索人工智能技术，同时加以应用，以推动电信网络的智能化。边探索边运用，这是华为一贯的技术研发策略。在任正非看来，技术研发本身就应该在不断的实践中得到完善和延伸。

2018年，任正非在上研所听取华为无线业务汇报的讲话时，重点提到"沿途下蛋"的概念："我们说无人驾驶，其实是一个珠穆朗玛峰，是一个领袖型产业。我认为无人驾驶是基础研究，支持科学家为理想而奋斗。暂时不要去做商用产品，先让科学家一心一意研究科学，不要顾及商业利益。沿途下蛋，将来即使我们不能在马路上无人驾驶，也可以在生产线上使用，在管理流程中使用，在低速条件下的工作中使用……各种东西都可以引入'无人驾驶'这个思维概念，但是它不一定就是无人驾驶。我跟何庭波在欧洲讲这个事的时候，何庭波发明了一个名词'沿途下蛋'。无人驾驶就是爬珠峰，爬山过程中，有人可以半路去放羊，有人可以半路去挖矿，有人可以半路去滑雪……把孵化的技术应用到各个领域中，这就是'沿途下蛋'。"

所谓"沿途下蛋"，就是指企业在追求某个较高的研发目标时，可以用孵化出来的技术研发和生产一些产品，来满足现实的需求。虽然技术研发在当今社会越来越重要，但是任正非反对那种埋头研发新技术的行为，他认为技术研发应该和商业化结合起来，应该加强技术的产业化部署。因为企业的目的是盈利，企业需要依据市场来推动内部的技术研发。无论是数字化、人工智能、量子计算，还是其他相关业务，任正非都鼓励华为公司在推动技术研发的过程中，将已经掌握的技术拿出来服务产业，这样一方面可以验证技术的实用性，并在实践中推动技术的完善和提升；另一方面可以在实践中不断丰富和衍生新的技术，推动研发工作的进行。此外，技术的商业化和产业化也是增加收益的一种方法。

许多人对华为发展数字化技术、人工智能和量子计算感到不解，认为这是华为打造多元化战略的一种方式，认为华为在通信领域已经无法获得更大的突破了，所以才想着转型。这些质疑并不合理，一方面，华为确实需要在一些代表技术发展趋势的领域发力，确保企业可以寻找到新的经济增长点；另一方面，华为并没有盲目进行多元化，虽然华为花费巨资研究云计算、人工智能、量子计算、自动驾驶等方面的业务，但本质上还是将5G甚至不久将会出现的6G作为业务核心，通信技术仍旧是华为把握的重点。

任正非曾经说过，未来的世界一定是万物互联，人工智能、数字化、量子计算都会产生大量的信息，而这些信息需要一个巨大的信息管道来输送。华为曾经估算过，在2025年左右，可能会出现一个由超过40亿的宽带用户以及超过1000亿的物串联而成的超级物联网。而华为要做的就是打造一个超级管道来输送信息和流量。如果不能将管道做得更大，那么就容易丧失市场竞争的话语权和主动权。

所以华为在其他诸多领域的发展和扩张，更多的是华为在信息技术发展态势下的产业布局，核心还是华为的通信技术。

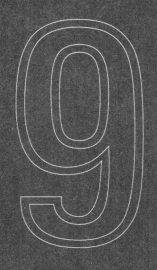

» **第九章**

王者归来，遥遥领先

1/ 海思的伟大布局

　　2019年，正当华为遭遇芯片荒的时候，华为内部的海思半导体有限公司直接生产出了替代性的产品——麒麟芯片。麒麟芯片的出现解决了华为手机的燃眉之急，华为的芯片制造能力引起了世界的关注。外界纷纷猜测海思究竟是一家什么样的公司？华为怎么一下子就解决了芯片制造问题？

　　其实，海思的出现是华为公司战略性规划的结果。早在2004年，海思半导体有限公司就成立了，而它的前身是成立于

1991年的华为集成电路设计中心，主要负责华为专用集成电路的研发和设计。随着研发的不断推进，任正非开始设想打造一个芯片研发中心，因为他发现国内市场的芯片基本来自境外，一旦境外企业某一天收紧芯片供应，甚至直接以断供的方式进行威胁，国内企业将会处于非常不利的位置。对于华为这样的大公司，要想保证自己在市场上的影响力和主动性，获得可持续的发展，就要建立更加稳定的、安全的、可靠的芯片供应链，而自己设计、研发和生产芯片是最佳的方案。

2003年，华为消费者业务部门刚成立，华为就对未来进行了完美布局。当时内部的工程师和高管们针对未来出现的各种挑战进行了深入交流、分析，对可能出现的最坏情况做出分析，并制定了应对最坏情况的策略和方法。2004年，华为成立了海思半导体有限公司，华为的初衷就是希望海思为华为生态发展提供硬件支撑，而海思的主要工作就是为华为的通信设备研发芯片。

任正非曾亲自对海思负责人何庭波说过这样一段话："海思半导体公司必须站起来，摆脱对外界的依赖。"高瞻远瞩的任正非认为，一家企业想要真正做大做强，走得更远，就要坚持自力更生，把握核心技术，不能让发展的大权落在别人手中。他经常忧心忡忡地表示，一旦外界不给华为提供芯片，而华为又无法自己研发和生产芯片，那华为该如何应对这种困境呢？为了避免发生意外，任正非要求海思加大力度，尽快研发出自己的芯片，为此，他还授意华为公司每年必须至少拨款20亿元助力海思研发芯片。

经过数年的研究和技术积累，2009年，华为海思打造了手机芯片K3，这是华为公司第一款集成了基带的手机芯片。虽然芯片遭到了市场的冷落，但是对华为来说仍旧是一个不小的进步，华为继续支持海思的芯片研发工作。2012年，海思运用最新技术研发出性能较为强大的K3V2芯片，可是在测试和使用的过程中，芯片出现发热、兼容困难等问题，这款芯片仍旧没有推向市场。在这之后的数年时间里，海思潜心钻研新技术，终于在2014年推出了性能强大的麒麟920。2014年6月6日，麒麟920在华为北研所发布。6月底，华为发布了新手机荣耀6，9月份又推出华为Mate 7，这两款手机都成为当年的爆款手机，Mate 7更是一机难求。出色的销售成绩使得麒麟920的声誉和影响力得到了传播，这款芯片当年直接被媒体称为"国产最强芯"。

在那之后，华为研发了多款芯片，运用到华为的P系列和Mate系列手机上，而这些手机也取得了不错的销量。2016年2月23日，华为的麒麟950芯片荣获2016世界移动通信大会GTI创新技术产品大奖。2016年10月，海思发布麒麟960芯片，GPU较上一代提升180%。2017年1月，麒麟960芯片被Android Authority（一家专注于安卓手机的多主笔科技媒体）评选为"2016年度最佳安卓手机处理器"。2018年10月16日，华为发布的麒麟980首次使用了7nm技术。2019年9月6日，华为发布麒麟990 5G芯片，这款芯片运用在Mate 30系列手机上。

2019年，在华为遭遇芯片荒时，很多人都猜测华为会就此倒下，华为的手机业务将会彻底失去竞争力，可就在这个时候，海思为华为注入一剂强心剂。当时，海思的负责人何庭波主动站出来发声："为了这个以为永远不会发生的假设，数千海思儿女，走上了科技史上最为悲壮的长征，为公司的生存打造备胎。今天是历史的选择，我们打造的备胎，一夜之间全面转'正'！多年心血，在一夜之间兑现为公司对客户持续服务的承诺。"海思没有辜负任正非的期望，从2004年到2019年，华为辛苦布局了15年，对海思研发的累计投入超过4800亿元，现在终于获得了丰厚的回报，顺利帮助华为度过芯片危机。

根据中国半导体行业协会（CSIA）统计，2018年，华为海思以503亿元人民币（约合75亿美元）的年营业收入排名中国集成电路设计十大企业的第一位；2019年，海思的年营业收入更上一层楼，直接增长到842.6亿元人民币（超过110亿美元）；

2020年，海思的营收仍旧处于高速增长的状态，它在2020年第一季度的销售额就接近27亿美元，而在同期，海思的销售额已经排在世界半导体前10的水平了，这是历史性的时刻。

很多人认为华为海思的强大体现在手机芯片的设计和研发上，但实际上，它在电视芯片、监控芯片等行业的表现更加出色。2019年的时候，华为海思在中国电视芯片市场的份额就超过了五成，在全球监控芯片市场占有的市场份额更是达到了惊人的90%，全球公认芯片行业实力最强的美国，有六成的监控摄像头直接采用了华为海思的芯片，这种强大的市场影响力，让海思成为电视芯片和摄像头监控芯片行业的巨头。

随着海思的发展和壮大，很多人开始设想海思的独立，他们认为海思完全具备独立能力，成长为一家优秀的公司。任正非直接否定了大家的意见，他绝对不允许海思独立出去，因为海思的所有运作都是围绕着华为的业务需求进行的，它本质上只是华为内部的一支支援保障部队，扮演主战部队里面的加油车、担架队、架桥队这一类角色，一旦独立出去，海思的生存会很艰难，华为也会失去重要的支援力量和保障性力量。

2020年10月22日，华为发布海思麒麟9000和9000E 5G芯片，这是全球首款5nm芯片，海思的技术底蕴让所有竞争对手感到惊叹。与此同时，海思内部也出现了一些其他声音，不少高层和研发人员认为海思完全可以为华为提供芯片，华为以后没有必要从其他公司购买芯片了。对此，任正非忧心忡忡地表示："如果海思自恋，要求做的东西我们一定要用，不用的话就不光荣，那就是一个闭合系统。我们总有一天能量耗尽，会死亡，所以我们要做开放系统。"

任正非的态度很明确，海思不能因为技术上有了进步就故步自封，华为更希望在一个开放的、包容的、多元化的环境中发展，而海思也应该在一个开放的竞争体系中生存和发展，而不是将自己的发展完全和华为捆绑在一起，这样既不利于海思的发展，也无助于华为的发展。

在任正非的坚持下，海思一步步成长壮大。现如今，海思在北京、上海、成都、武汉、新加坡、韩国、日本、欧洲和世界其他地区成立办事处和研究中心，这些办事处和研究中心拥有7000多名员工。多年来，海思已经建立起强大的IC设计和验证技术组合，还开发了先进的EDA设计平台，并成功开发了200多种拥有自主知识产权的模型，申请了8000多项专利。海思已经成为世界上最出色的芯片设计公司之一。

2/ 鸿蒙时代来临

2012年，华为公司召开了一个重要的内部会议，会议的核心课题就是分析目前手机系统的不足之处，以及针对性地制定解决问题的方法。

此前，华为一直使用谷歌公司提供的安卓系统，这套系统也是全世界适用范围最广的系统。安卓系统的诞生最初是为了对抗苹果的iOS系统，由于免费开源，安卓系统在短短几年时间内迅速壮大，在发展规模上直接反超了苹果公司。不过安卓系统存在很多问题，首先安卓系统的开发工具性能有限，流程复杂，开发者往往需要经过大量的学习和积累，才能顺利完成开发过程。

其次，安卓系统使用"宏内核"的架构，导致整个系统过于庞大，影响了运行速度，会导致手机运行受到限制。随着系统的不断升级，手机运行会变得越来越慢，出现卡顿现象。不仅如此，系统中的代码数量太多，提升了系统出现漏洞的概率，导致安卓系统的安全系数一直受到质疑。对于使用者来说，安全性是一个非常看重的点，如果安全系数不高，那么产品很容易被消费者和客户抛弃。

最后，安卓系统虽然保持开放的姿态，但只能在手机上构建成熟的软件生态，而不能跨平台运行，以至于整个系统的生态构建非常有限，难以构建庞大的硬件生态。华为认为未来的世界是一个万物互联的超级物联网时代，安卓系统难以支撑起万物互联的重担。

在找出安卓系统的缺点之后，大家开始寻求解决问题的方法，而经过几天的激烈讨论，华为公司的高管们达成了一个共识，那就是设计出一个符合未来发展的操作系统。在这次会议上，一个足以改变世界操作系统格局的伟大项目正式立项，华为直接取名为"鸿蒙"。在中国传统文化体系中，鸿蒙代表了天地初开，代表了世界发展的起源和开端，鸿蒙状态中孕育着万物。华为取这样一个名字，表明了华为打算开创一款全新的系统，而不是单纯地模仿和学习，也表明了华为打算成为第一个自主研发新系统的民族企业，更传递了华为构建美好未来的期待和决心。

华为当时对这个系统提出了非常高的要求，新系统必须完美解决安卓系统存在的那些问题，包括降低软件开发难度、提升运行速度、保证使用安全、强化IPC（进程间通信）、进程调度合理化（后台应用运行以及资源分配）等783个方面的内容。华为的研发团队需要针对安卓系统进行全面优化，构建一个全新的运行体系。

不仅如此，华为高层还提供了一些解决问题的方案，比如打造方舟编译器和交叉编译模式来降低开发难度；构建一个微内核，简化系统，提升安全性；使用分布式能力调度，以及全新的调度算法和全新进程通信机制，降低延时；构建一个可以支持跨终端无缝协同体验的体系；打造一个包含手机、安防设备、路由器、音响、手环等多种智能产品的系统。

为了打造这样一个更高效、更完美的系统，华为将最优质的资源投入新系统的项目研发中，包括全公司顶尖的程序员、架构师，以及5000多位操作系统设计师。更难能可贵的是，华为开展的这个项目在悄无声息地进行，外界很难了解到项目的相关信息。

针对公司的高标准、严要求，研发团队夜以继日地奋斗在一线，终于在2019年获得了重大突破。2019年8月31日，华为研发的方舟编译器正式上线，首批的40多款应用合作也完成开发。开发使用的方舟编译器的IED（集成开发环境）比安卓的开发工具更加便捷简单。方舟编译器为鸿蒙系统的发展和完善提供了肥沃的土壤，加上华为此前在计算机、芯片、服务器领域的全方位布局，2020年1月，华为在全球范围内发布HMS Core 4.0，华为的生态体系正式开始建立。

许多人片面地将鸿蒙系统当成手机系统来看待，但鸿蒙系统不仅可以运用在手机上，还可以在其他电子产品上得到应用。它是一个跨多平台的系统。

在不同的应用场景中，鸿蒙系统可以构建不同的生态系统。比如，鸿蒙系统可以运用在企业办公中，构建一个企业生态系统，这个生态系统中包括企业智慧屏、华为手机、华为笔记本，以及办公软件生态、智能安防系统、企业级服务器、企业5G通信等，帮助企业提升办公效率。

鸿蒙系统还可以运用到家庭生活中，构建一个完整的家庭生态，包括家庭智慧屏幕、华为计算机、华为手机、路由器、智能音响、智能穿戴、智能安防等内容，构建家庭内部的物联网。

不仅如此，鸿蒙系统的强大性能使得它在构建工业生态系统时也绰绰有余。在鸿蒙系统推广的过程中，华为公司就曾与天津港达成合作，通过5G技术远程操控港口吊车。依靠这样的系统，天津港每一台吊车一年可以节省45万元，而效率得到大幅度提升，工作人员只需要坐在房间里操控手机，就能轻松控制多台吊车作业。

总的来说，华为的鸿蒙系统打破了原先跨系统生态的限制，可以实现不同硬件的无缝连接，这对5G物联网以及后续的6G物联网有很大的帮助，可以说鸿蒙系统与5G物联网天然契合。

2023年8月4日，一年一度的华为开发者大会顺利召开，在当天的主题演讲环节，余承东回顾了过去4年的发展经历，忍不住感慨华为过去几年的艰辛，他强调华为已经走出困境，而鸿蒙生态更是在这4年时间里快速发展，积累了220万开发者和7亿设备。尽管这样的成绩与安卓系统、iOS相比仍显逊色，但华为的鸿蒙系统只要完成了最初的积累，在不久的将来必定会越来越强，在国际市场上与苹果、谷歌争锋。

3/ 这一次，华为真的"捅破了天"

2019年8月19日，任正非在运营商BG变革研讨会上提出了一个口号："战时状态，既要激进又要保守。市场努力向前进攻，加强经营质量；研发坚持加大战略投入，'向上捅破天，向下扎到根'。"

"向上捅破天"此后成为华为一个重要的发展口号，尤其是在技术研发方面，华为坚持突破创新，力争技术和市场的领先。不过真正让这句话走进互联网的是华为的手机通信技术。在谈到"向上捅破天"时，多数时候都是在谈论华为研发的卫星通信技术，也叫北斗卫星信息。普通的手机是通过基站来发送信息的，会受到手机卡的限制；而卫星通信技术则突破了手机卡的限制，直接通过手机终端的硬件连接卫星，来实现信息的传输。在基站难以覆盖的地区，这项功能可以为使用者提供短报文通信服务。

余承东当时非常自豪地说道："当你身处荒漠无人区、出海遇险、地震救援等无地面网络信号覆盖环境下，你都可通过畅连App将文字和位置信息向外发出，与外界保持联系，并支持多条位置生成轨迹地图。"

早在2022年发布Mate 50系列的手机时，就首次提到了这项卫星通信技术，并使用了"遥遥领先"的字样。而同年登场的iPhone 14系列，同样配备了卫星通信功能。作为智能机领域最具竞争力的两家公司，苹果和华为对于卫星通信技术的应用非常看好，它们认为发送卫星信号将成为用户关键时刻的"保命"手段，而这项技术将成为一个很好的卖点。果不其然，随着华为和苹果的宣传，更多的公司开始加入这一技术领域。在2023年初的MWC大会上，高通、联发科先后公布了自家的卫星通信芯片组；在年中的MWC上海大会上，紫光展锐带来了自己的卫星通信芯片，而vivo公司也不甘示弱，带来了自己的卫星通信手机原型机。

　　严格来说，国内几乎所有智能手机都支持北斗定位，可以直接应用北斗卫星的导航功能帮助自己导航和定位。但是想实现卫星通信功能，难度就很大了，这需要技术上的重大突破。比如，北斗卫星的上行天线设计与传统GPS有很大的不同，接收信息、发送信息的射频、滤波器都必须重新调试，并设计出单独的芯片，需要将设计出来的通信射频基带一体化芯片转化成Wi-Fi，并与手机进行连接。

　　2022年7月，中国卫星导航系统管理办公室发布消息称，中国兵器工业集团有限公司、中国移动通信集团有限公司、中国电子科技集团有限公司以及国产手机厂商，联合完成了国内首颗手机北斗短报文通信射频基带一体化芯片研制，这意味着国内已经具备实现大众智能手机卫星通信的条件。

　　与此同时，华为申请的"卫星通信的方法和装置"专利也获得了授权。这种卫星通信的方法和装置在提高通信性能的前提下，还能有效降低终端设备的能耗和通信复杂度。而且华为的多个卫星通信相关专利也公布出来了，相关的装置和设备能够有效缩短星间链路信息传输的距离，降低通信成本，使得天地一体化网络通信场景中的星间路由能力得到显著提升。

华为最终将卫星通信技术首次运用到Mate 50系列手机上，这也使得华为Mate 50系列成为市场上热卖的手机。不过，受制于技术门槛，北斗卫星发射信号的频率和带宽存在较大的限制。手机卫星通信一开始只能基于字节发送，以"短报文"的形式发送信息。可是进入2023年下半年，新一代的卫星通信技术呼之欲出，在这样的背景下，Mate 60系列手机顺利推出。相比华为Mate 50系列和苹果iPhone 14系列，华为Mate 60系列首次集成了卫星通信功能，其原理是利用北斗卫星作为中继站，用户用手机发送的消息会通过地面基站发射到人造卫星上，再由卫星直接转发给信息接收者，从而实现全球范围内的消息传递。这种通信方式不受地域限制，实现了全球覆盖。

2023年8月29日，华为Mate 60 Pro突然上架开售。Mate 60 Pro的低调发售，引发了业界的热议，就连电商平台都对华为的销售行动表示惊讶。因为这一次，华为Mate 60 Pro几乎没有做任何宣传，只是静悄悄地在自己的商城发售。更重要的是，华为的这款新手机实际的通信速度已经超越了5G。它是首个消费级智能手机卫星通话产品。更引人关注的是，华为手机"捅破天"的技术再次升级，华为Mate 60 Pro成为首款支持卫星通话的智能手机，该款手机搭载了天通卫星通话，用户只要开通相关业务套餐，就可以在一些信号不佳或者缺乏信号的地方，通过卫星通话功能直接与外界联系。这一次，余承东再次说出了那句火遍互联网的名言："遥遥领先。"

Mate 60系列不仅是手机型号，更是一个拐点。在Mate 60系列出现之前，手机行业几乎进入一个平庸的时代，技术发展也进入瓶颈期，连续好多年都没有出现一款让人眼前一亮的产品。手机升级基本停留在清一色的大屏幕、高像素、高性能芯片和大内存这些要素上，导致设备配置日益趋同，同质化竞争越来越严重，而在市场上最直观的体现就是消费者换机周期变得越来越长，就连那些原先一两年换一次手机，疯狂追逐新款手机的手机发烧友，如今也激情褪去。

Mate 60系列的出现给市场注入了活力，无论是技术的成熟度、差异化竞争模式，还是对发布时机和节奏的精准把控，对消费心理的完美把握，华为都做到了极致，并产生了很好的效果。而更为重要的是来自市场的深层次认同，这种认同不仅在于华为打造的新技术，更在于对华为不畏艰难的创新精神的情感共鸣，因为华为走的是一条极其艰难的底层创新之路，这使得它的成功更具冲击力。

华为Mate 60系列的强势回归也具有很强的战略意义，在手机推出之前，智能手机产业链的诸多关键环节都控制在西方国家手中，而华为Mate 60系列的出现打破了这种垄断，表明国产自主产业链已经打造成型，中国不仅可以设计芯片，还能制造芯片。中国手机产业的抗风险能力和国产手机的综合竞争力有了质的飞跃，不仅可以促进中国芯片、中国制造进行产业升级，还极大地提升了中国企业和中国人的信心。

4/杀入汽车市场

2024年2月28日，彭博社发布了一条重磅消息：苹果公司已搁置并取消了自动驾驶电动汽车的所有开发计划。也就是说，苹果公司于2014年正式启动的名为"泰坦"的汽车研发项目宣告流产。而在10年间，苹果已经烧掉了100亿美元，就这样放弃，不免有些可惜，再联想到苹果公司的CEO库克早年参观宝马汽车公司时，曾信誓旦旦地说"苹果也能造出这样的汽车"，更是让人不免有些唏嘘。

就在苹果放弃汽车研发项目的时候，华为却在汽车领域加速布局。而关于华为入局汽车行业的消息，最早可以追溯到2013年。那一年华为推出了车载通信模块ME909T，正式进军车联网，算是初步入局汽车业务。一年后，华为在"2012实验室"内专门成立了车联网实验室，专注于车联网领域的纵向开发。那个时候，华为已经意识到了车联网的发展前景和广阔的应用空间，便开始提前进行车联网的布局。由于"2012实验室"属于华为最高级别研究院，因此在这一年，汽车圈内开始盛传"华为造车"的消息，引发了一次广泛的讨论。

2015年，华为与奥迪、奔驰进行合作，并且拿到了这两家汽车公司的通信模块订单，正式成为车联网供应商。2016年10月，华为和汽车代工商麦格纳斯太尔秘密接触，这一次外界再次猜测华为即将造车。面对火爆的舆论，任正非和华为不得不站出来公开澄清，坚称华为不造车。

可是事情才过去5个月，媒体就曝光了华为公司联合清华大学秘密研发自动驾驶汽车的项目，外界盛传华为已经开始造车，此时，华为不得不再次站出来，重申自己不造车。

在那之后，几乎每隔一段时间，网络上就有人说华为造车，华为每一次都跟着站出来澄清事实。到了2019年，外界突然发现华为有了大动作，原来在这一年，华为正式成立一级部门——智能汽车解决方案事业部，整个事业部包含智能车云、智能网联、智能座舱、智能驾驶和智能电动5个领域的业务。这一次，外界对华为造车的期待达到了一个高峰，更何况这一年，原北汽新能源总经理郑刚入职智能汽车解决方案事业部，并担任业务部副总裁。

虽然华为一直强调不造车，但是它的汽车业务一直在拓展。2020年11月，华为智能汽车解决方案BU（业务单元）业务从ToB调整到ToC。针对这一调整，外界解读华为造车的事情即将揭晓。

2021年，华为的汽车业务有了实质性的进展，这一年的4月17日，华为直接联合北汽推出阿尔法S华为HI版。就在大众惊诧之余，华为智能汽车解决方案BU在第二天举办HI新品发布会。这一次，华为公布了自己与北汽合作的具体内容，那就是为北汽打造一个全新的智能汽车数字化架构和五大智能系统。华为与北汽合作的热度还没有褪去，4月20日，华为消费者业务掌舵人余承东对外宣布：华为开始卖车。

声明一出，立即引发了轰动，正当大家猜测华为卖什么车时，线上的华为商城智选开始大力吆喝，售卖赛力斯SF5。不仅如此，这款车型还会进入华为门店和旗舰店进行销售。虽然这是一个名不见经传的小品牌，但在华为品牌的加持下，还是在两天内卖出了3000辆。

经过几年的布局，华为的汽车业务逐渐扩大，虽然极狐阿尔法S和赛力斯SF5最终的销量都不高，华为的新技术也没有成为改变市场格局的力量，但是华为"不造车，帮车企造好车"的口号，还是引发了行业的动荡，也引发了汽车市场其他参与者和竞争对手的关注。

华为的入局让人不敢掉以轻心，即便是汽车领域内那些新势力，也时刻关注着华为的行动。比如，理想汽车投资人王兴（美团创始人）就曾表态，汽车领域新贵特斯拉终于遇到一个技术实力相当的对手。投资了哪吒汽车的360创始人周鸿祎认为，华为在布局，将来可以取代特斯拉的市场地位。上汽董事长陈宏没有称赞华为公司的技术，并且表示不愿意与华为合作，因为这样做只会将汽车的灵魂交到对方手上。上汽作为国内汽车市场中一股不可小觑的势力，实力雄厚，在市场上耕耘多年，根本不惧怕任何对手，但偏偏对华为的入局感到恐慌。

随着华为在汽车领域的布局越来越成熟，华为的智能驾驶技术也成了一个金字招牌，这让很多企业看到了商机。像理想这样的造车新势力表示要全面学习华为，了解华为的经营管理理念，创始人李想还在内部会议上发出号召，要让每一位理想的高管至少购买10本关于华为的书进行研究。

2023年初，问界汽车突然在宣传标语中加上"HUAWEI"字样，这个举动很快引发了热议，华为的粉丝欣喜若狂，认为华为终于下场造车了，而这也意味着汽车市场的格局会迎来巨大的变动。与之相对应的是，其他车企一直在关注华为的动态，看看华为是否真的想好了要全面进入市场。眼看舆论发酵越来越严重，任正非立即在内部发文表态"华为绝对不造车"，并且规定华为在宣传时，不得使用"HUAWEI/华为"字样，车子的外观上更是不能贴上"HUAWEI/华为"字样，尤其是有关"华为问界"的标签。

有趣的是，早在2020年的时候，华为就明确表示"三年以内不造车"，而到了2023年10月，三年不造车的期限到了。就在这个时候，任正非再次签发了文件，表示"五年内不造车"。不仅如此，任正非针对外界的种种传言，明确表明华为与问界的关系，同时郑重告知消费者和其他合作伙伴：华为并没有下场造车，最近几年也没有造车的打算。

当时，包括余承东在内的很多内部人士都表示不理解。在他们看来，汽车是一个新的赛道、一个新的风口，而华为完全可以利用自己强大的技术以及品牌效应打开市场，只要华为愿意造车，那么汽车市场一样可以被华为颠覆。余承东的话并没有错，但任正非同样有自己的考量方式，虽然他从未给出华为不造车的具体理由，但从以前华为提出来的商业圈理念来看，造车并不符合华为一贯的生态定位。

任正非曾经说过："就像西瓜切成八块，我只要一块。我跟日本的公司说，我绝不会去搞物理的，我就是搞数学逻辑。这样日本的公司就放心了，我不会泄露它们的材料技术，譬如永远不会搞氮化镓。我跟微软也说了，我永远不会搞搜索，微软也就放心了。在国际分工中，我们只做一点点事，以后也只能做一点点事。"打造并维持一个良性的、平衡的生态圈，是华为一直坚守的核心原则。相比亲自下场造车，任正非更希望华为现阶段充当汽车技术提供商的角色，在车联网、驾驶辅助、电驱系统、电控系统等领域提供服务。

此外，任正非对于造车也有自己的担忧，毕竟华为在这方面还是新手，不具备多少经验和技术积累，贸然下场可能会深陷其中。最近几年崛起的各种造车势力中，真正实现盈利的企业寥寥无几，大多数造车企业都面临困境。华为轮值主席徐直军就曾表示："有几个造车的挣了很多钱？未来汽车品牌能生存多少，谁知道。现在智能汽车就像智能手机早期，一脚踢过去一堆，未来有几个品牌存在也不知道。越是人人都造车的时候越要冷静。"在说出这番话的时候，华为实际上面临着之前几年手机业务受到重创、销量下滑的困局，虽然华为依靠着Mate

系列慢慢实现翻身，但汽车这种烧钱的项目还是存在诸多风险，华为不希望好不容易稳定下来的局面产生太大的波动。

任正非一直对外强调华为不会造车，可华为在汽车行业内的业务渗透能力不断增强，依靠着先进的技术，谁也不敢小觑华为公司在汽车行业内的影响力和发展潜力。比如，此前由于赛力斯一直没有什么起色，华为公司也遭到了外界的质疑，很多人认为华为在汽车行业属于门外汉，华为的技术不能帮助汽车公司获得领先优势。但华为并没有放弃，接着就和赛力斯旗下的问界汽车展开合作，华为专门为问界汽车提供智能化解决方案，并且从产品设计、产业链管理、质量管理、软件生态、用户经营、品牌营销、销售渠道等方面为问界汽车提供必要的支持。

2023年9月，问界发布了改款版的M7，这辆车一改之前问界汽车的颓势，在上市两个月的时间内竟然获得了超过10万辆的订单。2024年第一周，问界汽车更是首次反超理想，成为国内造车新势力周销量榜上的第一名，而在2024年的1月、2月，问界汽车的销量都比理想要好。这个时候，所有汽车行业的参与者都意识到"狼来了"，不造车的华为或许在不久的将来会让整个汽车行业变天。

后记

低调的潜行者

2017年，刚好是华为成立30周年，但华为的30周年过得异常低调，整个2017年，华为公司内部并没有组织任何形式上的庆祝活动。直到2017年12月29日，在新年即将到来之际，华为轮值CEO胡厚崑才面向全体员工发表了一篇题为《我们的三十而立：构建万物互联的智能世界》的新年献词，也是在这个时候，很多人才意识到华为已经30周岁了。有意思的是，这一年的华为收入达到了6036亿元，其中净利润为475亿元，同比增长28.1%。而营收达到6036亿元人民币的华为，已经远远超过了联想、万科、海尔、万达、恒大、格力、美的、比亚迪、吉利、阿里巴巴、腾讯等知名上市企业，可以说它是中国民营企业中的佼佼者。这样一份成绩，完全值得庆祝一番，更何况还是在30周年这样的重要节点上，但华为似乎习惯了做一个低调的潜行者。

同样是30周年纪念，国内很多公司都开展了各种丰富的纪念活动。比如，2014年，联想、万科与海尔都举办了30周年庆祝活动，当时在各自行业内都引起了巨大轰动。其中，联想在2014年特别启动了"30周年逆生长"Social Campaign（社会活动），在365天时间内坚持每天制作一个创意逆生长主题的海报，将内容与用户的喜好相关联，并且积极吸引众多用户参与互动。至于万科，不仅推出了各类房产促销活动，还在各地举办了盛大的周年庆活动。海尔集团为了回馈老客户，也发起了"寻找老用户"的活动，各地举办了大型庆典活动。

相比之下，华为的表现实在太低调，"太不当回事了"。对于一个行业内的领先者来说，这是令人难以置信的。有趣的是，同样的事情在2010年已经发生过一次了。2010年，华为第一次入选世界500强，公司的高管得知这一消息后，并没有表现出高兴的样子，在当天举行的例行会议上，一位高管在会议室里宣布了这样一个消息："告诉大家一个坏消息，公司进入世界500强了。"整个会议室里一片安静，完全没有任何庆祝的氛围，哪怕是在接下来的一天，公司里的员工也是照常上班，好像根本没有这回事。

从某种意义上来说，低调是华为的一种典型特质，是刻在华为骨子里的一种文化素养，也是华为的一个显性基因。在华为发展的早期，低调潜行就已经成为华为的一个重要的发展策略，那个时候的华为缺乏竞争力，想要在国内外强大对手的围剿下生存下来，就要保持低调，想办法避开其他对手的攻击，为自己创造更合适的生存环境。随着华为不断壮大，甚至成为行业领先者，华为仍旧保持这样的低姿态，这个时候的华为不害怕竞争，并不担心外部环境的打压，而是担心高调的表现会破坏员工的心性，让大家产生过分自信、过分乐观的心理，使华为丧失竞争力和危机意识，这会导致华为在快速变革的通信行业被对手淘汰出局。

任正非曾经多次强调公司应该坚持低调发展的策略："我们要的是成功，不是口号。有人说华为公司运行得平平静静，没什么新闻，是不是没戏了？我们说这叫'静水潜流'。表面很平静的水流，下面的水可能很深很急。倒是那些很浅的水在石头上流过去的时候才会泛起浪花。"

在这里，不得不提一下任正非，可以说华为身上的很多标签在任正非身上都可以看见，低调同样是任正非最显著的标签。

作为一个知名企业家，任正非很少出现在公众面前，甚至很少接受媒体的采访，除了见客户外，他基本上不会和外面的人有太多的接触。

2005年，美国《时代》周刊将任正非列入"影响世界的100位名人"名单，当时，他是唯一上榜的中国企业家，《时代》周刊给出的评价是："任正非是一个很少出现在公众视野中的人物，却是国际上最受人尊敬的中国企业家。"

2008年，《中国企业家》杂志评选"2008年度中国最具影响力企业领袖终身成就奖"，任正非成功入选。《中国企业家》杂志社社长刘东华给予任正非很高的评价："任正非几乎是中国最有静气和最有定力的一位企业家。"

2010年，著名财经杂志《福布斯》发布了"最受国际尊敬的中国企业家"年度人物榜，任正非位列第一。

2011年3月，美国《财富》杂志公布了"中国最具影响力的50位商界领袖"名单，任正非排在首位。

2019年4月18日，美国《时代》周刊发布了"2019年度全球百位最具影响力人物榜单"，任正非榜上有名。《时代》东亚记者查理·坎贝尔在提名词中这样写道："当任正非在1987年投资5600美元（实际上比这还少）创建华为时，他并不是一位计算机奇才。然而，他的管理帮助华为成了全球最大的电信设备公司，2018年营收达到了1070亿美元，客户遍及170个国家和地区。除了尖端智能机，华为还是5G领域的先锋，这项革命性技术将推动第四次工业革命中无人车和智慧工厂的发展。"

面对外界的热议和评价，任正非始终保持低姿态，有媒体想要采访他，他基本上都是避而不见。当华为人在网络中宣传公司，以及参与有关华为发展话题的讨论时，他直接在内部做出严厉指示："对待媒体的态度，希望全体员工都要低调，因为我们不是上市公司，所以我们不需要公示社会。我们主要是对政府负责任，对企业的有效运行负责任。对政府的责任就是遵纪守法，我们去年交给国家的增值税、所得税是18亿，关税是9亿，加起来一共是27亿。估计我们今年在税收方面可能再增加百分之七八十，可能要给国家交到40多亿。我们已经对社会负责了。媒体有他们自己的运作规律，我们不要去参与，我们有的员工在网上的辩论，是帮公司的倒忙。"

华为多年来始终保持低调的发展态势，甚至给人一种神秘的感觉，总让人捉摸不透，而华为也得以在低调中，用短短二三十年的时间就成长为行业第一，并对整个世界通信产业的发展产生了巨大的影响。

2020年1月9日，万科创始人王石特意聊到了华为，他非常激动地说道："万科时代已经过去，现在是华为时代。"什么是华为时代？大家并没有这样的概念，甚至连华为自己也在尽量避免使用类似的词汇来营销自己。人们往往忽略了这样一个事实：人们日常生活中使用手机需要基站服务，需要各种各样的手机网络，像3G网络、4G网络、5G网络，都是华为提供的。科技改变生活，华为总是出现在一些让人容易忽视的领域，但多数人的生活其实都离不开它，在不久的将来，华为启动的万物互联计划将会彻底改变人们的生活。

新冠肺炎疫情那几年，全球经济都受到了影响。2021年，华为心声社区低调地发布了《没有退路就是胜利之路——军团组建成立大会》的视频。在此次大会上，华为宣布公司成立了"五大军团"，分别是煤矿军团、智慧公路军团、海关和港口军团、智能光法军团和数据中心能源军团。任正非发表了一段慷慨激昂的演讲，他说道："和平是打出来的，我们要用艰苦奋斗、英勇牺牲，打出一个未来30年的和平环境，让任何人都不敢再欺负我们，我们在为自己舍命，也在为国家舍命，日月同光，凤凰涅槃，人天共仰，人们会记住你们的，等我们同饮庆功酒的那一天，于无声处听惊雷。"视频很快就在网上引起巨大反响。国人们翘首以盼，真心祝福，内心澎湃。小成就靠自己，大成就靠敌人。竞争对手企业看到华为的视频后，无形中也获得了许多力量。

2020年10月22日的华为Mate 40系列发布会上，据统计，余承东在发布会上共说了14次"遥遥领先"，几乎涵盖了华为手机的所有方面，包括处理器、摄像头、屏幕、电池、充电、系统、应用等。在说到"遥遥领先"时，余承东的口音和夸张风格引起了网友们的注意和调侃，他的"遥遥领先"很快就在微博、微信、抖音等平台上刷屏，成为一个热梗。2023年8月29日，华为Mate 60系列手机在毫无征兆、毫无宣发的情况下直接上架开卖，很多网友因没有买到手机而自发使用当初的配音作为背景音乐，并将制作的短视频发到媒体上，表明自己的期待，再次爆火网络。

2023年9月28日，华为技术有限公司申请注册"遥遥领先"商标，国际分类为运输工具、科学仪器。2024年1月20日华为撤回"遥遥领先"商标的注册申请，一时引发热议。

网友们自发去找原因，一则任正非发言的最高点赞视频道出了缘由。原来，任正非不主张使用"遥遥领先"这样喊口号的表述，这体现了他对于企业发展和个人成就的谦逊态度，以及对于市场和竞争的深刻理解。这种思想内涵丰富，概括起来，主要包括以下几个方面。

1.持续创新。任正非认为，技术进步永无止境，企业应该持续创新，不断追求卓越。即使取得了一定的成就，也不能自满，应保持警惕，不断前进。

2.谦逊务实。任正非倡导的是一种务实的工作态度，强调在任何时候都要保持谦逊，不夸大其词，不盲目自大。这种态度有助于企业保持清醒的头脑，更好地应对市场变化和挑战。

3.客户导向。任正非强调以客户为中心，关注客户需求和体验。他认为，企业的领先地位应该由市场和客户来评判，而不是自我标榜。

4.团队合作。任正非认为，企业的成功不是个人的成绩，而是团队协作的结果。避免使用"遥遥领先"这样的表述，有助于培养团队的合作精神，鼓励员工共同努力，共同进步。

5.长期发展。任正非注重企业的长期发展，他认为企业应该着眼于未来，不断积累和沉淀，而不是满足于短期的成就。

6.敬畏市场。任正非深知市场的变化无常和竞争的残酷性，因此始终保持对市场的敬畏之心，不轻易言胜，以谨慎的态度应对每一次挑战。

这段视频后端的文案，正是任正非的灰度管理理论的体现，是他独特的管理哲学和实践的核心，是对人性、组织、市场和未来的深刻理解。灰度管理理论突破了传统的非黑即白、非对即错的二元对立思维模式，强调在管理中寻找和维持一种平衡，即灰色地带。

任正非的坚持低调，让大家看到了真正的智慧不在于张扬炫耀，而在于内敛的涵养与深沉的思考。他如同隐匿于云层之后的明星，不以光芒炫耀，却以静默引领方向，给人以启迪与力量。低调是一种技术，它使得优秀的人在平凡中见伟大，在沉默中显力量，如同潜流之水，虽不闻其声，却能滋养万物，推动生命之舟稳健前行。

近年来，华为在全球科技产业中的发展受到了广泛关注。由于芯片供应的挑战，华为的手机业务经历了一段调整期，这也影响了外界对公司整体发展的预期。2024年1月，胡润研究院发布的《2023胡润世界500强》榜单显示，华为的排名和市场估值有所下降，与其他科技巨头相比，华为的市场估值为5720亿元人民币，而苹果公司的市值则高达192290亿元。

尽管如此，华为的财务报告显示，公司在2023年实现了7042亿元人民币的销售收入和870亿元人民币的净利润，这一成绩是在面临手机业务挑战的情况下取得的。这表明，尽管华为在某些方面遇到了困难，但其业务依然保持了一定的增长势头和盈利能力。

华为在科技领域的影响力和发展潜力依然显著。公司在5G技术、云计算、人工智能等领域的持续投入和创新，使其在全球通信行业中保持了竞争力。华为提出的"全面迈向5.5G时代"的理念，也体现了其对未来技术发展趋势的洞察和引领。

此外，华为在汽车行业和新兴技术领域的布局也显示出其多元化发展的战略。随着公司在这些领域的进一步发展，华为的前景仍然值得期待。总体来看，华为通过不断进行技术创新和市场适应，展现出了强大的企业韧性和发展潜力。

如今，华为已经突破了芯片不足的桎梏，汽车行业的布局也越来越好，在人工智能、量子计算等多个领域都有了长足的发展，未来的华为必定会越来越强。

"遥遥领先"是这本书的书名，它不是商标，不是口号，而是目标，是祝愿。祝愿华为越来越好，祝愿祖国的科学技术越来越强大！

就如一句热评一样：遥遥领先当然不是现在的技术水平，却是当我们咬牙突破制裁，轻舟已过万重山后，听到来自未来的回声。